GUOJISHANGWUFALÜFAGUI

国际商务法律法规

职业教育国际商务专业教学用书

主　编　童宏祥

华东师范大学出版社

上海

图书在版编目(CIP)数据

国际商务法律法规/童宏祥主编. —上海:华东师范大学出版社,2008
中等职业学校教材
ISBN 978 - 7 - 5617 - 6340 - 7

Ⅰ.国… Ⅱ.童… Ⅲ.国际商法−专业学校−教材 Ⅳ.D996.1

中国版本图书馆 CIP 数据核字(2008)第 132870 号

国际商务法律法规

职业教育国际商务专业教学用书

主　　编　童宏祥
责任编辑　翁春敏
审计编辑　蒋梦婷
装帧设计　蒋　克

出版发行　华东师范大学出版社
社　　址　上海市中山北路 3663 号　邮编 200062
网　　址　www.ecnupress.com.cn
电　　话　021 - 60821666　行政传真 021 - 62572105
客服电话　021 - 62865537　门市(邮购)电话 021 - 62869887
地　　址　上海市中山北路 3663 号华东师范大学校内先锋路口
网　　店　http://hdsdcbs.tmall.com

印 刷 者　江苏常熟市文化印刷有限公司
开　　本　787×1092　16 开
印　　张　10.25
字　　数　215 千字
版　　次　2008 年 10 月第 1 版
印　　次　2023 年 2 月第 8 次
书　　号　ISBN 978 - 7 - 5617 - 6340 - 7/F·162
定　　价　17.40 元

出 版 人　王　焰

国际商务专业教材编委会

主　　任：吴建国

副主任：张大成　　姚大伟

委　　员（按姓氏笔画排序）：

陈志红　　吴建国　　张大成　　张艰伟

姚大伟　　翁春敏　　徐文文　　童宏祥

序

根据《上海市中等职业教育深化课程教材改革行动计划(2004—2007)》,由华东师范大学出版社组织开发编写的国际商务专业教材,经过编写组各位成员一年多的辛勤工作即将正式出版。本专业教材的正式出版是贯彻落实国务院和上海市人民政府《关于大力发展职业教育的决定》,深化中职课程和教材改革的重要举措之一。

2006 年颁布的《上海市中等职业学校国际商务专业教学标准》是上海市实施深化课程和教材改革以来首批开发的 12 个专业教学标准之一。它以"任务引领"为核心,将国际商务专业划分为:外贸单证方向、货运代理方向、报关报检方向、国际物流方向等 4 种专门化方向。同时根据专业教学标准开设 28 门课程,其中包括国际商务字符录入、国际贸易业务流程、常用国际商务单证制作、国际商务信息处理、国际商务法律法规、国际商务实用英语等 6 门专业核心课程,国际商务单证缮制与审核等 15 门专门化方向课程,以及语文等 7 门公共基础课程。

本专业教材在编写中力求突出以下特点:

★ **任务引领**:通过设置符合国际商务实际的工作任务来完成教学目标,使学生在完成任务的过程中使自己的知识、技能和态度诸方面得到提升,从而培养他们的综合职业能力。

★ **项目驱动**:教学任务的完成是通过若干个与职场实际联系紧密的项目来实现的。不同的项目能激发学生的学习兴趣,完成任务后的成就感反过来又会提高学生的学习动机。

★ 能力为本：在教学目标的制定、课程内容的安排，以及教学评估的设计等方面都充分注意到了学生的能力培养。引导学生用国际商务的基础知识来解决国际商务活动中的实际问题，提高自己解决问题的综合能力。学生不仅能较好地完成学习任务，而且还能满足职业技能考核的需要，充分体现职业教育课程的本质特征。

★ 内容适当：在教学内容的安排上，充分考虑了项目任务的实施要求。不再片面强调知识的系统性，而是注重实用性和适用性，使理论与实践得到有机的融合。

★ 形式活泼：教材尽可能地采用案例教学的模式，以唤起学生的学习热情，更好地实现教学目标。不仅如此，我们还以新颖、生动的表现形式和图文并茂的叙述风格来编排教材，以最大限度地满足当代中职学生的阅读习惯。

我们希望本专业教材的出版能为上海市中等职业教育改革的探索作出微薄的贡献，也希望各学校在使用本专业教材进行教学的过程中能够提出更多有益的意见，以便于我们今后对本专业教材作出更好的修改，为达到"任务引领"这一核心目标而努力。我们将本着立足上海，服务全国的宗旨，为我国职业教育的发展奉献绵薄之力。

本专业教材的开发得到了各方的大力协助和支持，在此一并表示感谢。

国际商务专业教材编写委员会
2007 年 8 月

出版说明

CHUBANSHUOMING

本书是职业学校国际商务专业的教学用书。

全书编排形式新颖生动、图文并茂，内容安排注重实用性和适用性，以实际工作情境组织课程内容，在结构上强调理论知识为实际案例应用分析服务，突出了案例引导的主体地位。

具体栏目设计如下：

案例导入：以实际案例引出问题，引起学生学习兴趣。

议题：提出各种小问题，激发学生深入思考。

知识链接：补充解释教材中涉及到的知识点。

为方便教师的教学活动，本书还配套有：

《**国际商务法律法规·教师手册**》：含有各章节的教学重点、教学内容分析、教学内容拓展、教材参考答案等，便于教师备课、组织教学。

《**国际商务法律法规·习题集**》：所收入习题针对各章内容设置，与教材相辅相成，可作为学生的回家作业，也可作为课堂练习。

本书由国际商务专业审稿专家（按姓氏笔画排序）：王丁、王肇华、张慧娟、张传伟、张迎冬、唐勤、董惠民、童宏祥、谢富敏和鞠佳仁审查。

华东师范大学出版社

2008 年 10 月

前　言

时下，中等职业教育正在不断地进行教学改革，努力构建以学生就业为导向、以职业岗位能力为核心、以工作任务为主线、以专业能力为基础的创新技能型课程体系，目的是将学生培养成符合企业工作岗位要求的职业人才。《国际商务法律法规》是国际商务、报关与货运代理及国际物流等专业的一门主干核心课程，讲授与国际商务有关的国际法、国内法和国际惯例的规定，具有非常强的实用性。

本书的体例不同于其他教材，是笔者在中等职业教育改革中的一种探索，其目的是让学生在进出口贸易业务的模拟情景下，通过案例导入和问题的分析来掌握国际商务方面的法律、法规知识，增强其应用能力。本书按照实际工作情境组织课程内容，围绕进出口贸易业务这一主线，系统地阐述了国际商事组织法、国际货物买卖合同法、代理法、票据法、国际货物运输法、国际海上货物运输保险法、我国出入境管理制度，以及国际商事仲裁法与诉讼法等主要内容和应用方法，突出了案例引导的主体地位。在结构上强调理论知识为实际案例应用分析服务，边讲边议，并通过"思考与检测"和"知识链接"等小栏目来帮助学生加以理解和掌握。

本书由童宏祥担任主编，刘国昌担任副主编。具体编写分工是：童宏祥（第一章），童莉莉（第二章），刘国昌（第三章、第四章），蒋学莺（第五章），毛微微（第六章），倪承超（第七章），张珉（第八章），由童宏祥与刘国昌负责统稿。由于笔者的水平有限，书中难免存在错误或纰漏，恳请同行和专家不吝赐教。

编　者

2008 年 10 月

目　　录

**第一章　国际商事组织的形式与确立
——国际商事组织法**　　　1

第一节　公司法　　　2
第二节　有限责任公司与股份有限公司　　　11

**第二章　国际商务交易的规则
——国际货物买卖合同法**　　　19

第一节　国际货物买卖合同的磋商　　　20
第二节　国际货物买卖合同的订立　　　24
第三节　国际货物买卖合同的履行　　　35
第四节　货物风险的划分与救济方法　　　38

**第三章　国际商务代理制度
——代理法**　　　43

第一节　代理合同　　　44
第二节　代理的类型　　　53

**第四章　国际商务活动中的票据结算制度
——票据法**　　　61

第一节　汇票记载要项与当事人　　　62
第二节　汇票的票据行为　　　67

**第五章　国际商务中的货物运输法律关系
——国际货物运输法**　　　73

第一节　国际海上货物运输的法律关系　　　74
第二节　国际航空货物运输法律关系的调整　　　87

国际商务法律法规

第六章　国际商务中的海上货物运输保险制度 　　91
**　　　　　——海上货物运输保险法**

　　第一节　国际海上货物运输保险的投保 　　92
　　第二节　国际海上货物运输保险合同的订立 　　102
　　第三节　国际海上货物运输保险合同的核赔 　　107

第七章　国际商务中的出入境管理制度 　　111
**　　　　　——进出口管理条例、检验法、海关法**

　　第一节　进出口商品配额与许可证管理制度 　　112
　　第二节　出入境检验检疫管理制度 　　116
　　第三节　出入境货物通关管理制度 　　126

第八章　国际商事争议的解决途径 　　137
**　　　　　——国际商事仲裁法与诉讼法**

　　第一节　国际商事仲裁制度 　　138
　　第二节　国际商事诉讼制度 　　148

第一章　国际商事组织的形式与确立 ——国际商事组织法

国际商务活动的主体是各类商事组织。商事组织是依法设立的，以自己的名义从事商务活动，具有一定规模的团体或个人。它的商业活动必须受国际商事组织法和其他法律的制约，在法律规定的范围内从事交易活动，不得违背交易规则。其中，国际商事组织法是规范公司、个人企业和合伙企业等商事企业的设立、组织、经营、变更、解散、清算，以及对内对、外关系的一系列法律规定的部门法。它主要包括：《公司法》、《个人企业法》和《合伙企业法》等。

第一节　公司法

公司是商品经济发展的产物,是现代市场经济条件下最重要的商事组织形式。公司是指依据各国公司法的规定而组织、登记成立的,以营利为目的的企业法人。如日本《商法典》规定:"本法所称公司,为以经营商行为目的而设立的社团。"我国《公司法》规定:"本法所称公司是指依照本法在中国境内设立的有限责任公司和股份有限公司。"

公司法是规定公司设立、组织、运营、变更、解散以及股东权利、义务和公司内部、外部关系的法律规范的总称,其调整的对象是公司内部和外部的财产关系、组织管理与协作关系等。

 案例导入

李丝和张季留日归国,与民营企业主王好商议共同投资设立上海四季好服装有限责任公司,并签订了发起人协议。协议规定李丝、张季各出资 100 万元,王好以原公司厂房和设备(经评估折价为 120 万)投资,为此李丝和张季按规定各将 100 万元存入了公司在银行开设的账户,王好也办理了财产权的转移手续,并依法获得了验资证明。然后,三人共同制定公司章程,王好为董事长,李丝为副董事长,张季为董事和总经理,并持公司章程、验资证明和公司登记申请书等材料向工商行政管理部门申请设立登记,经核准后获得公司营业执照。

根据公司法的基本理论,请思考下列问题:

1. 公司的法律特征有哪些?
2. 公司从不同角度如何进行分类?
3. 公司依法设立的条件和程序是什么?
4. 公司资本的法律特征和出资形式有哪些?

一、公司的法律特征

1. 公司是以营利为目的的经济组织

以营利为目的是指设立公司的目的以及公司的运作,都是为了谋求经济利益。公司的营利性是公司的本质属性。公司是由投资者出资组成的,投资者投资的目的当然是为了获得投资的收益和回报,因而在一定意义上,公司是投资者实现其投资利益的工具。所以,营利是一切企业组织存在和活动的基本动机和目的,是经营活动的出发点和归宿点。

公司的营利性也是公司区别于国家机关、事业单位以及其他社会团体等法人组织的重要标志。营利性法人的宗旨是获取利润并将利润分配给成员(出资者或股东);而非营利性法人的宗旨是发展公益、慈善、宗教和学术事业,它们即使从事商业活动、赚取利润,也只是以营利为手段,旨在实现与营利无关的目的。

2. 公司具有法人资格

法人是在法律上被赋予与自然人相同的具有民事权利能力和民事行为能力的民事主体,是依法独立享有民事权利、承担民事义务的组织。公司作为法人组织,具体表现在:公司拥有独立的财产,设有独立的组织机构,独立承担法律责任。

二、公司的分类

1. 无限责任公司、有限责任公司、股份有限公司

按公司股东对公司的责任形式为依据分为：

（1）无限责任公司

无限责任公司又称为无限公司，是指由两个以上的股东组成的，全体股东对公司债务承担无限连带责任的公司。无限公司一般组织结构稳定，股东信用可靠，但是由于股东承担的风险很大，因此我国在实践中没有无限公司这一形式。

（2）有限责任公司

有限责任公司又称为有限公司，是指股东以其认缴的出资额为限对公司承担责任，公司以其全部财产对公司的债务承担责任的公司。

（3）股份有限公司

股份有限公司又称为股份公司，是指股东以其认购的股份为限对公司承担责任，公司以其全部财产对公司的债务承担责任的公司。

2. 封闭式公司、开放式公司

按公司股份的发行与转让的形式为依据分为：

（1）封闭式公司

封闭式公司又称为不上市公司，其特点是公司的股份只能向特定范围的股东发行和有条件转让，而不是在证券交易所公开向社会发行并进行买卖。

（2）开放式公司

开放式公司又称为上市公司，即可在证券市场上向社会公开发行股票，并在证券交易所自由买卖或交易。

3. 总公司与分公司、母公司与子公司

按公司之间的隶属关系为依据分为：

（1）总公司与分公司

总公司又称为本公司，是指依法设立并管辖公司全部组织的具有企业法人资格的总机构；分公司是指在业务、资金、人事等方面受本公司管辖而不具有法人资格的分支机构，其民事责任由总公司承担。公司设立分公司，应向公司的登记机关申请登记，领取营业执照。

（2）母公司与子公司

母公司又称为控股公司，是指拥有其他公司一定数额的股份，或根据协议能够控制、支配其他公司的人事、财务、业务等事项的公司；子公司是指一定数额的股份被另一公司控制或依照协议被另一公司实际控制、支配的公司。子公司具有独立的法人资格，自由拥有自己的财产、公司名称、章程和董事会，对外独立开展业务和承担责任。

> **议题一**
>
> 江苏玩具有限公司是国有独资公司，苏州玩具有限公司是由江苏玩具有限公司独资创办的子公司。目前，苏州玩具有限公司对外负债 100 万元而无力偿还，该债务是在江苏玩具有限公司决策与指示下以苏州玩具有限公司的名义进行贸易而造成的。请分析，该 100 万元的债务应当由谁承担？

4. 关联公司、公司集团

按公司之间的特殊联系为依据分为：

（1）**关联公司**

关联公司又称为关联企业，是指两个以上独立存在而相互之间又具有稳定、密切的业务联系或投资关系的公司。如：母公司与作为子公司的上市公司之间的关系就是典型的关联公司。关联公司之间的关系属于关联关系，即指公司控股股东、实际控制人、董事、监事、高级管理人员与其直接或者间接控制的企业之间的关系，以及可能导致公司利益转移的其他关系。但是，国家控股的企业除外。

（2）**公司集团**

公司集团又称为企业集团，是指在统一管理之下，由法律上独立的若干企业或公司联合组成的团体。公司集团中处于主导地位的是母公司。在我国，又把公司集团的母公司称为集团公司，公司集团的成员都属于关联公司或从属公司。

5. 本国公司、外国公司、跨国公司

按公司的国籍为依据分为：

（1）**本国公司**

本国公司是依据本国法律在国境内设立的公司，包括国内的外商投资企业。

（2）**外国公司**

外国公司是指依照外国法律在国境外设立，并可在国境内设立分支机构的公司。外国公司在国境内设立的分支机构不具有所在国法人资格，其经营活动由外国公司承担民事责任。

（3）**跨国公司**

跨国公司是指以本国为基地或中心，在不同国家或地区设立分支机构、子公司或其他企业形式，从事跨国性生产经营活动的经济组织。跨国公司并非法律意义上的"公司"，实际上是指国际性的公司集团，表明的是公司之间的一种特殊关系。

知识链接

公司国籍认定的标准

国籍认定在国际上主要有以下三种方法：

① 依注册登记地确定公司的国籍（我国采用该方法）；

② 依公司主要营业地确定公司的国籍；

③ 依股东国籍确定公司的国籍。

三、公司的设立

公司设立是指公司设立人依照法定的条件和程序，为组建公司并取得法人资格而必须采取和完成的法律行为。

1. 公司设立的原则

公司设立的原则是指一个国家在法律上对公司设立基本方式的要求。

我国《公司法》规定："设立公司应当依法向公司登记机关申请设立登记。符合本法规定的设立条件的,由公司登记机关分别登记为有限责任公司或者股份有限公司;不符合本法规定的设立条件的,不得登记为有限责任公司或者股份有限公司。法律、行政法规规定设立公司必须报经批准的,应当在公司登记前依法办理批准手续。"因此,股份公司的设立与有限责任公司一样,原则上实行严格准则主义,对于特殊行业必须经审批的,才实行核准主义。

> **议题二**
>
> 无锡某民营企业家根据市场的需求,单独出资建立无锡职业培训中心。他制定了公司章程,并随附 5000 万元的验资证明和公司登记申请书等材料向工商行政管理部门申请设立登记。请分析,工商行政管理部门是否会准予登记并发放营业执照?为什么?

2. 公司设立的方式

公司设立方式分为发起设立与募集设立两种。

(1) 发起设立

发起设立是指由发起人认购公司应发行的全部股本或股份而设立公司。根据我国《公司法》的规定,有限责任公司采取发起设立的方式的,其注册资本为在公司登记机关登记的全体股东认缴的出资额,首次出资额不得低于注册资本的百分之二十,也不得低于法定的注册资本最低限额,其余部分由股东自公司成立之日起两年内缴足;股份有限公司采取发起设立的方式的,注册资本为在公司登记机关登记的全体发起人认购的股本总额,公司全体发起人的首次出资额不得低于注册资本的百分之二十,其余部分由发起人自公司成立之日起两年内缴足,在缴足前不得向他人募集股份。

(2) 募集设立

募集设立是指由发起人认购公司应发行股份的一部分,其余股份向社会公开募集或者向特定对象募集而设立公司。采取募集设立方式的主要是股份有限公司,由于其资本规模较大,涉及众多投资者的利益,故各国法律均对其设立程序进行了严格的限制。我国《公司法》规定:"以募集设立方式设立的股份有限公司,发起人认购的股份不得少于公司股份总数的百分之三十五,且注册资本为在公司登记机关登记的实收股本总额。"

3. 公司章程

公司章程是指关于公司的组织、内部关系及开展业务活动的基本规则和依据,是以书面形式固定下来的全体股东共同一致的意思表示。

公司章程是公司成立的必备要件之一,它是指导公司设立及未来运作的基本准则,对于公司本身、公司股东、公司董事、监事和高管人员都有必要而严格的约束。

(1) 公司章程的制定

公司章程原则上应由全体股东共同制定,但公司章程的制定主体与程序因公司类型不同而有所区别。根据我国《公司法》的规定,有限责任公司公司章程的制定者是公司设立时的所有股东;股份有限公司采取发起设立的,其公司章程制定者为发起人;股份有限公司采取募集设立的,由于公司股东不仅包括公司发起人,还包括认股的社会公众或特定范围内的认股对象,因此,其章程既需要发起人的制定,又必须经过创立大会的通过。

(2) 公司章程的内容

公司章程的内容依公司类型的不同而有差别。根据我国《公司法》规定,有限责任公司

国际商务法律法规

的公司章程内容主要有：公司名称和住所，公司经营范围，公司注册资本，股东的姓名或者名称，股东的出资方式、出资额和出资时间，公司的机构及其产生办法、职权、议事规则，公司法定代表人，以及股东会会议认为需要规定的其他事项。股东应当在公司章程上签名、盖章。

> **议题三**
>
> 　　李丝、张季与王好为了共同投资设立上海四季好服装有限责任公司，签订了发起人协议，并制定了公司章程。章程内容详细地记载了公司名称、住所、经营范围、注册资本、出资金额与方式、股东姓名、法定代表人以及需要规定的其他事项。请分析，该章程有效吗？为什么？

　　股份有限公司的公司章程内容包括：公司名称和住所，公司经营范围，公司设立方式，公司股份总数、每股金额和注册资本，发起人的姓名或者名称、认购的股份数、出资方式和出资时间，董事会的组成、职权、任期和议事规则，公司法定代表人，监事会的组成、职权、任期和议事规则，公司利润分配办法，公司的解散事由与清算办法，公司的通知和公告办法，以及股东大会会议认为需要规定的其他事项。

四、公司资本

　　公司资本又称为股本或股份总额，是公司章程确定并载明的股东出资总额。公司的资本是公司取得法人资格及设立的基本条件。

1. 公司资本的法律特征

（1）公司资本是公司自有的独立财产

公司法人成立的条件之一就是要具有独立的财产，在《公司法》的表现形式上就是公司资本。

（2）公司资本来源于股东的出资

公司资本只能由股东出资构成，股东的出资总额即为公司资本总额。

（3）公司资本表现为一定的数额

公司资本是将公司的各种出资形式表现为具体数额，如为实物、知识产权和土地使用权等形式的出资，应当进行评估，将其转化为数额形式，才能计入资本。

（4）资本是由公司章程确定并载明的

公司资本是公司章程的必要事项，在公司成立时由发起人或认股人协商确定，如公司资本发生变动，需要对公司章程进行修改。

2. 股东出资的形式

出资是指公司设立或者增加资本时，股东依据法律规定履行出资义务，按照认股协议的约定向公司交付财产或履行其他给付义务以取得股权的行为。出资既是公司设立的重要条件，同时也是股东最基本的义务。股东出资的具体形式如下：

（1）货币

货币是股东最主要的出资方式，根据我国《公司法》的规定，全体股东的货币出资金额不得低于有限责任公司注册资本的百分之三十。

(2) 实物

实物是股东最主要的非货币出资方式,主要包括:房屋、设备、车辆等。对其估价后,办理登记和过户手续,向公司实际转移财产所有权。

(3) 知识产权

知识产权包括:著作权、专利权、商标权、发明权及其他科技成果。当然,各国对于知识产权在法律上的认定各有不同,但是,随着世界经济一体化、全球化的发展,这种区别正在逐渐消失。对于那些智力密集型的高科技公司,知识产权出资甚至成为其股东出资最主要的形式。

(4) 土地使用权

在我国,土地是属于国家与集体所有的,个人不允许拥有土地所有权,但是允许拥有土地使用权。土地使用权可以提供最基本的经营生产场所,因此,以土地使用权出资可以降低公司经营成本。

议题四

李丝、张季与民营企业主王好商议共同投资设立上海四季好服装有限责任公司,由李丝、张季各出资100万元,王好以原公司厂房和设备投资。在向工商行政管理部门申请设立登记并获得公司营业执照后,开始进行生产和商务活动。一年后,公司业绩不理想,于是邀请当地著名主持人加入,以其姓名的使用权进行出资。请分析,该主持人的出资合法吗?为什么?

---

3. 公司资本的变动

由于公司经营活动的发展、业务范围和市场状况的变化,公司资本会作相应的增加或减少。

(1) 公司的增资

公司的增资是指公司依法增加注册资本的行为。上市公司一般通过公开发行新股的方式增资;有限责任公司和不上市的股份有限公司则是以原股东追加投资或者接纳新出资人的方式来完成增资。

(2) 公司的减资

公司的减资是指公司依法减少注册资本的行为。公司减资主要有减少股份总额、减少每股金额和既减少股份总额又减少每股金额三种方式。

我国《公司法》对于减资作了较为严格的限制,必须依照法定的条件和程序进行,如:规定公司减资后的注册资本不得低于法定的最低限额,即有限责任公司减资后注册资本不得低于人民币3万元,股份有限公司减资后注册资本不得低于人民币500万元。

五、公司董事、监事、高管人员的资格和义务

1. 公司董事、监事、高管人员的资格

各国关于公司董事、监事、高管人员资格的法律规定原则上都差不多。我国《公司法》规定,有下列情形之一的不得担任公司的董事、监事、高级管理人员:

① 无民事行为能力或者限制民事行为能力;

② 因贪污、贿赂、侵占财产、挪用财产或者破坏社会主义市场经济秩序,被判处刑罚,执

行期满未逾五年,或者因犯罪被剥夺政治权利,执行期满未逾五年;

③ 担任破产清算的公司、企业的董事或者厂长、经理,对该公司、企业的破产负有个人责任的,自该公司、企业破产清算完结之日起未逾三年;

④ 担任因违法被吊销营业执照,责令关闭的公司、企业的法定代表人,并负有个人责任的,自该公司、企业被吊销营业执照之日起未逾三年;

⑤ 个人所负数额较大的债务到期未清偿。

如在选举、委派董事、监事或者聘任高级管理人员的,有上述情形之一的,该选举、委派或者聘任无效;如董事、监事、高级管理人员在任职期间出现上述情形之一的,公司应当解除其职务。

2. 公司董事、监事、高管人员的义务

各国关于公司董事、监事、高管人员的义务在法律上的原则规定也差不多。我国《公司法》规定,董事、监事、高管人员应当遵守法律、行政法规和公司章程,对公司负有忠实和勤勉义务,不得利用职权收受贿赂或者其他非法收入,不得侵占公司的财产。具体而言,董事、监事、高级管理人员不得有下列行为:

① 挪用公司资金;

② 将公司资金以其个人名义或者以其他个人名义开立账户存储;

③ 违反公司章程的规定,未经股东会、股东大会或者董事会同意,将公司资金借贷给他人或者以公司财产为他人提供担保;

④ 违反公司章程的规定或者未经股东会、股东大会同意,与本公司订立合同或者进行交易;

⑤ 未经股东会或者股东大会同意,利用职务便利为自己或者他人谋取属于公司的商业机会,自营或者为他人经营与所任职公司同类的业务;

⑥ 接受他人与公司交易的佣金归为己有;

⑦ 擅自披露公司秘密;

⑧ 违反对公司忠实义务的其他行为。

议题五

张名是大华贸易公司的经理,由于近期股市火暴,他将公司的部分资金以其个人名义用于购买新股。获利后,再将收入存入自己的账户。请分析,张经理的行为应当如何处理?

六、公司的合并与分立

1. 公司的合并

公司合并是指两个或两个以上的公司订立合并协议,无需通过解散、清算程序,直接结合为一个公司的法律行为。公司合并的途径有:①吸收合并,又称为兼并,是指一个或一个以上的公司并入另一家公司,并入方解散,接纳方存续的合并。例如:1996年12月15日,世界航空制造业排行第一的美国波音公司宣布与世界航空制造业排行第三

国际商务法律法规

的美国麦道公司合并,此后具有76年历史的麦道航空公司不再存在。②新设合并,又称为创立合并,是指两个或两个以上的公司合并为一个新公司的同时,各原有公司全部解散的合并。例如:1998年7月23日,国泰证券公司与君安证券公司实现合并,合并后成立一个新的公司——国泰君安证券股份有限公司,而原国泰证券公司与君安证券公司不再存在。

各国关于公司合并必须履行的法定程序有所不同。我国《公司法》规定,公司合并必须履行的法定程序如下:

① 由股东会(股东大会)作出合并决议;

② 参加合并的各方在平等协商的基础上签订合并协议;

③ 编制资产负债表及财产清单,确定合并各方的公司资产;

④ 自合并决议之日起十日内通知债权人,并于三十日内在报纸上公告(债权人自接到通知书之日起三十日内,未接到通知书的自公告之日起四十五日内,要求公司清偿债务或者提供相应的担保);

⑤ 依法向公司登记机关办理合并登记手续。合并各方的债权、债务,应当由合并后存续的公司或者新设的公司承继。

2. 公司的分立

公司的分立是指一个公司通过依法签订分立协议,不经过清算程序,分为两个或两个以上公司的法律行为。公司分立可以采取派生分立与新设分立两种类型:派生分立是指公司以其部分资产另设一个或数个新的公司,原公司存续;新设分立是指公司全部资产分别划归两个或两个以上的新公司,原公司解散。

各国关于公司分立必须要履行的法定程序有所不同。我国《公司法》规定,公司分立必须履行的法定程序如下:

① 由股东会(股东大会)作出分立决议;

② 由各方在平等协商的基础上签订分立协议;

③ 进行财产分割;

④ 编制资产负债表及财产清单;

⑤ 在分立决议之日起十日内通知债权人,并于三十日内在报纸上公告;

⑥ 依法向公司登记机关办理分立登记手续。公司分立前的债务由分立后的公司承担连带责任,但在分立前与债权人就债务清偿达成的书面协议另有约定的除外。

> **议题六**
>
> 南通大地有限责任公司由甲、乙股东投资设立,海门天空有限责任公司由丙、丁股东投资设立。之后,南通大地有限责任公司被海门天空有限责任公司兼并,股东为甲、乙、丙、丁四方。在兼并前,原南通大地有限责任公司尚有40万元债务尚未偿还。请分析,兼并前的原南通大地有限责任公司的40万元债务应由谁偿还?为什么?

七、公司的解散和清算

1. 公司解散

公司解散是指已成立的公司因发生法律或章程规定的解散事由而停止义务活动。公司解散的原因主要有：

① 公司章程规定的营业期限届满或者公司章程规定的其他解散事由出现；

② 股东会或者股东大会决议解散；

③ 因公司合并或者分立需要解散；

④ 依法被吊销营业执照、责令关闭或者被撤销；

⑤ 公司经营管理发生严重困难，继续存续会使股东利益受到重大损失，通过其他途径不能解决的，持有公司全部股东表决权百分之十以上的股东，可以请求法院解散公司，法院可以予以解散。

2. 公司清算

公司清算是指终结已解散公司的一切法律关系，处理公司剩余财产，使公司法人资格最终归于消灭的法律行为。公司解散是公司清算的原因，只有经解散并清算后才能最终使公司的法人资格消灭。

（1）清算机构

根据法律规定，一般在清算过程中，代表被解散公司依法执行清算事务的清算机构的组成有三种情形：①有限责任公司的清算机构由股东组成；②股份有限公司的清算机构由董事或者股东大会确定的人员组成；③逾期不成立清算机构进行清算的，债权人可向法院申请指定有关人员组成清算机构进行清算。

清算机构在清算期间行使的职权主要有：

① 清理公司财产，分别编制资产负债表和财产清单；

② 通知、公告债权人；

③ 处理与清算有关的公司未了结的业务；

④ 清缴所欠税款以及清算过程中产生的税款；

⑤ 清理债权、债务；

⑥ 处理公司清偿债务后的剩余财产；

⑦ 代表公司参与民事诉讼活动。

（2）清算程序

根据法律规定，清算程序一般如下：

① 成立清算组。除因公司合并或者分立需要解散外，应当在解散事由出现之日起十五日内成立清算组，开始清算。

② 通知、公告债权人并进行债权登记。我国《公司法》规定，清算机构应当自成立之日起十日内通知债权人，并于六十日内在报纸上公告。债权人应当自接到通知书之日起三十日内，未接到通知书的自公告之日起四十五日内，向清算机构申报其债权。债权人申报债权，应当说明债权的有关事项，并提供证明材料。清算机构对债权进行登记，在申报债权期间不得对债权人进行清偿。

③ 清理公司财产、制定清算方案。我国《公司法》规定，清算机构在清理公司财产、编制

资产负债表和财产清单后,应当制定清算方案,并报股东会(股东大会)或者法院确认。如果清算机构在清理公司财产、编制资产负债表和财产清单后,发现公司财产不足清偿债务的,应依法向法院申请宣告破产,经法院裁定破产后,将清算事务移交给法院。

④ 分配公司财产。我国《公司法》规定,公司财产法定的分配顺序为:支付清算费用;支付职工的工资、社会保险费用和法定补偿金;缴纳所欠税款;清偿公司债务;向股东分配剩余财产,有限责任公司按照股东的出资比例分配,股份有限公司按照股东持有的股份比例分配。公司财产在未按前款规定清偿前,不得分配给股东。

⑤ 清算程序终结。我国《公司法》规定,公司清算结束后,清算机构应当制作清算报告,报股东会(股东大会)或者人民法院确认,并报送公司登记机关,申请注销公司登记,公告公司终止。

第二节　有限责任公司与股份有限公司

案例导入

一家有限责任公司现有股东四人,注册资本 400 万元,资产总额 1000 万元,负债 300 万元。经股东大会决议,决定变更公司类型为股份有限公司,发起人以原公司资产作为出资,新公司设股份 1000 万股,拟对外募集 5000 万股,但在申报后,未获得有关部门的批准。根据法律关于有限责任公司和股份有限公司的规定,请思考下列问题:

1. 有限责任公司与股份有限公司的法律特征是什么?
2. 有限责任公司与股份有限公司依法设立的条件和程序如何?
3. 有限责任公司与股份有限公司资本的出资形式有哪几种?
4. 有限责任公司与股份有限公司的组织机构有哪些?

一、有限责任公司

1. 有限责任公司的特征

有限责任公司是指公司的股东以其认缴的出资额为限对公司承担责任,公司以其全部财产对公司的债务承担责任的企业法人。有限责任公司是《公司法》主要调整的对象之一,其法律特征如下:

(1) 股东人数的限制性

对股东人数,各国《公司法》都有不同规定。我国《公司法》规定,有限责任公司由五十个以下股东出资设立,对有限责任公司的股东人数作出了最高限制。

(2) 股东责任的有限性

有限责任公司的股东仅以其认缴的出资额为限,对公司承担责任,对公司债权人不承担直接责任。

国际商务法律法规

（3）具有人资两合性质

有限责任公司的资合性表现为每个股东都必须出资才能成为公司的股东，其人合性在于公司股东之间的相互信任以及良好的关系是公司得以成立的重要前提。因此，有限责任公司是将资金的联合与股东之间的信任作为公司两个不可或缺的共同信用基础。

（4）公司设立的简易性

有限责任公司的设立手续较为简易，只有发起设立，没有募集设立的方式。

（5）公司机构设置的灵活性

由于有限责任公司的人资两合性质，其机构设置一般较为灵活，不一定都要设置股东会、董事会和监事会。我国《公司法》规定，股东人数较少或者规模较小的有限责任公司，可以设一名执行董事，不设立董事会，执行董事可以兼任公司经理。

（6）公司的封闭性

有限责任公司不得向社会公开募集股份、发行股票，严格限制股东对外转让出资，不得向社会公开公司的经营状况。

2. 有限责任公司的设立

（1）有限责任公司的设立条件

各国《公司法》对设立有限责任公司的条件有不同规定。我国《公司法》的规定如下：

① 规范的公司名称。公司名称的组成具体包括四个部分：公司登记地的行政区划名称；商号；公司营业所属的行业；公的组织形式，即有限责任公司。

② 固定的公司住所。公司以其主要办事机构所在地为住所。

③ 股东共同制定公司章程。有限责任公司的章程是公司自治性契约，理应由全体股东共同制定，在工商行政机关登记后产生法律效力。

④ 股东人数符合法定要求。有限责任公司应由五十人以下的股东出资设立。

⑤ 股东出资额达到法定的限额。有限责任公司全体股东的首次出资额不得低于注册资本的百分之二十，也不得低于法定的注册资本最低限额人民币三万元。如果法律、行政法规对有限责任公司注册资本的最低限额有较高规定的，从其规定，其余部分由股东自公司成立之日起两年内缴足。

（2）有限责任公司的设立程序

关于有限责任公司的设立程序，各国《公司法》的规定大同小异。我国《公司法》的规定如下：

① 签订发起人协议。有限责任公司只能采取发起式设立，发起人通常签订一份发起人协议，以明确各自的权利、义务和责任。

② 制定公司章程。公司章程主要是规范公司内外的各种关系，应严格按照法律规定制定，并由股东在公司章程上签名、盖章。

③ 依法办理审批。如公司的行业或经营范围涉及到法律、行政法规要求报经政府机关有关部门批准的，应在公司登记前依法办理批准手续。

④ 按章缴纳出资。股东应当按照公司章程中规定的各自所认缴的出资额按期足额缴纳，股东以货币出资的，应当将货币出资足额存入有限责任公司在银行开设的账户，以非货币财产出资的，应依法办理其财产权的转移手续。股东缴纳出资后，必须经依法设立的验资

机构出具验资证明。

⑤ 申请设立登记。由全体股东指定的代表或者共同委托的代理人向公司登记机关报送公司登记申请书、公司章程、验资证明等文件，申请设立登记。

⑥ 核准登记发照。公司登记机关，即各级工商行政管理部门，对公司设立登记的申请进行审查，对符合法定设立条件的申请予以登记并发给营业执照。公司营业执照签发日期为公司成立日期。

3. 有限责任公司的组织机构

（1）股东会

股东会是有限责任公司的权力机构，由全体股东组成。除一人有限责任公司与国有独资公司外，其他有限责任公司必须设立股东会。股东会是股东直接参与公司经营管理的重要形式，以会议形式在召开股东会议时存在。

① 股东会的种类。股东会会议因召开的原因和时间不同，可分为首次会议、定期会议和临时会议。我国《公司法》规定，首次会议是指有限责任公司成立后召集的第一次会议，由出资最多的股东召集和主持，讨论并通过公司章程，选举公司董事会和监事会成员；定期会议是指按照公司章程规定的期限定期召开的股东会议，通常为一年一次；临时会议是指在两次定期会议之间因法定事由而临时召开的股东会议。根据《公司法》的规定，代表十分之一以上表决权的股东，三分之一以上的董事，监事会或者不设监事会公司的监事提议召开临时会议的，应当召开临时会议。

② 股东会的召开。召开股东会会议，各国《公司法》的规定不尽相同。我国《公司法》规定，应当于股东会会议召开十五日前通知全体股东，并将会议分为三种情形：A. 董事会召集股东会，会议由董事长主持，董事长不能履行职务或者不履行职务的，由副董事长主持，副董事长不能履行职务或者不履行职务的，由半数以上董事共同推举一名董事主持；B. 不设董事会的，由执行董事召集并主持股东会；C. 董事会或执行董事不能履行或者不履行召集股东会会议职责的，由监事会或者不设监事会公司的监事召集和主持，监事会或监事不召集和主持的，代表十分之一以上表决权的股东可以自行召集和主持。

③ 股东会的职权。股东会行使的职权有：决定公司的经营方针和投资计划；选举和更换非由职工代表担任的董事、监事，决定有关董事、监事的报酬事项；审议、批准董事会的报告；审议、批准监事会或者监事的报告；审议、批准公司的年度财务预算方案、决算方案；审议、批准公司的利润分配方案和弥补亏损方案；对公司增加或者减少注册资本作出决议；对发行公司债券作出决议；对公司合并、分立、变更公司形式、解散和清算等事项作出决议；修改公司章程；公司章程规定的其他职权。

④ 股东会决议。股东会决议可分为普通决议和特别决议两种形式。普通决议是指股东会就公司一般事项所作的决议，需经代表二分之一以上表决权的股东通过；特别决议是指股东会就公司重要事项所作的决议，如：修改公司章程，增加或者减少注册资本，公司合并、分立、解散等，必须经代表三分之二以上表决权的股东通过。

（2）董事会

董事会是有限责任公司的执行机构和决策机构。但股东人数较少或者规模较小的有限责任公司，可以设一名执行董事，不设立董事会，两者性质与职权相同。

① 董事会的组成。我国《公司法》规定，有限责任公司设董事会，其成员为三至十三人，

其中董事长一人,可设副董事长和职工代表大会通过的职工代表。董事长、副董事长的产生办法由公司章程规定。

董事任期由公司章程规定,我国《公司法》规定,董事每届任期不得超过三年。董事任期届满未及时改选,或者董事在任期内辞职导致董事会成员低于法定人数的,在改选出的董事就任前,原董事仍应当依照法律、行政法规和公司章程的规定,履行董事职务。

② 董事会的职权。董事会对股东会负责,其职权有:召集股东会会议,并向股东会报告工作;执行股东会的决议;决定公司的经营计划和投资方案;制订公司的年度财务预算方案、决算方案;制订公司的利润分配方案和弥补亏损方案;制订公司增加或者减少注册资本以及发行公司债券的方案;制订公司合并、分立、变更公司形式、解散的方案;决定公司内部管理机构的设置;决定聘任或者解聘公司经理及其报酬事项,并根据经理的提名决定聘任或者解聘公司副经理、财务负责人及其报酬事项;制定公司的基本管理制度;公司章程规定的其他职权。

③ 董事会的召开。董事会会议由董事长召集和主持;董事长不能履行职务或者不履行职务的,由副董事长召集和主持;副董事长不能履行职务或者不履行职务的,由半数以上董事共同推举一名董事召集和主持。对董事会决议的表决,实行一人一票制。

(3) 监事会

监事会是有限责任公司依法设立的,对董事、高级管理人员的经营管理行为及公司财务进行专门监督的常设机构。

① 监事会的组成。按照我国《公司法》的规定,监事会的人数不得少于三人,设主席一人,由全体监事过半数选举产生,要有由职工代表大会或其他形式民主选举产生的职工代表,具体比例由公司章程规定。股东人数较少或者规模较小的有限责任公司,可以设一名执行监事,不设监事会,其性质、职权与监事会相同。董事、高级管理人员不得兼任监事。监事的任期为每届三年,任期届满未及时改选,或者监事在任期内辞职导致监事会成员低于法定人数的,在改选出的监事就任前,原监事仍应当依照法律、行政法规和公司章程的规定,履行监事职务。

② 监事会的职权。监事会、不设监事会公司的监事行使的职权有:检查公司财务;对董事、高级管理人员执行公司职务的行为进行监督,对违反法律、行政法规、公司章程或者股东会决议的董事、高级管理人员提出罢免的建议;当董事、高级管理人员的行为损害公司的利益时,要求董事、高级管理人员予以纠正;提议召开临时股东会会议,在董事会不履行《公司法》规定的召集和主持股东会会议职责时召集和主持股东会会议;向股东会会议提出提案;依法对董事、高级管理人员提起诉讼;公司章程规定的其他职权。

③ 监事会的召开。我国《公司法》规定,监事会每年度至少召开一次会议,监事可提议召开临时监事会会议,其决议应当经半数以上监事通过。

二、股份有限公司

股份有限公司是指由最低法定人数以上的股东依法设立,其全部资本等分为股份,其股东就其所认购的股份为限对公司承担责任的一种公司。

1. 股份有限公司的特征

根据各国公司立法和公司法理论,股份有限公司主要有如下特征:

（1）法人性质

股份有限公司具有独立的人格、独立的财产并独立承担责任,具有法人组织必须具备的全部法律特征。

（2）股东责任具有一定限制

股份有限公司股东仅以其认购的股份为限对公司承担责任,股东对公司债权人不承担直接责任。

（3）股东人数有最低法定限制

许多国家的公司立法都对股份有限公司的股东人数作了最低限制,如:我国《公司法》规定,设立股份有限公司应有两人以上为发起人,英国、法国、美国等公司立法都规定最低股东人数为七人。

（4）属于典型的资合公司

股份有限公司以所拥有的资本作为存在的基础,而并非基于股东个人的信用和地位,任何持有公司股票的人都可以成为公司股东。

（5）公司全部资本分为等额股份

股份是股份有限公司资本的基本单位,其形式为股票。股份有限公司通过公开发行股票向社会募集资金,并向社会公开公司经营状况。

2. 股份有限公司的设立

（1）股份有限公司设立的条件

设立股份有限公司的条件,各国《公司法》的规定都不尽相同。我国《公司法》规定,设立股份有限公司应当具备下列条件:

① 符合法定的发起人人数。设立股份有限公司应有两人以上二百人以下为发起人,其中须有半数以上的发起人在中国境内有住所。

② 达到法定资本的最低限额。股份有限公司采取发起设立方式设立的,公司全体发起人的首次出资额不得低于注册资本的百分之二十,其余部分由发起人自公司成立之日起两年内缴足。股份有限公司采取募集设立方式设立的,其注册资本的最低限额为人民币五百万元。法律、行政法规对股份有限公司注册资本的最低限额有较高规定的,从其规定。

③ 按法律规定发行股份。关于股份有限公司的股份发行,在我国《公司法》和《证券法》中都有明确的规定。

④ 制定公司章程。采用募集方式设立的,由发起人制定公司章程,但必须经创立大会通过;采用发起方式设立的,由全体股东共同制定。

⑤ 规范的公司名称与组织机构。公司的名称应由行政区划、字号、行业、组织形式依次组成,公司应设股东大会、董事会和监事会等组织机构。

⑥ 固定的办公场所。公司主要办事机构场所的面积应与经营的规模、性质相适应。

（2）股份有限公司设立的程序

股份有限公司采取发起设立的,其主要程序包括:发起人发起并签订发起人协议;发起人共同制定公司章程;发起人认购股份、缴纳股款;法定验资机构验资;选举公司董事、监事;申请设立登记;登记机关核准登记及受领营业执照;公告。

股份有限公司采取募集设立的,其主要程序包括:发起人发起并签订发起人协议;发起人制订公司章程;发起人认购公司股份、缴纳股款;制作招股说明书;签订股票承销协议;签订代收股款协议;向证券监督管理机构提出募股申请;公告招股说明书;社会公众认股缴款;召开创立大会;申请设立登记;登记机关核准登记及受领营业执照;公告。

3. 股份有限公司的组织机构

(1) 股东大会

股东大会是股份有限公司的最高权力机构,是依法设立的公司组织机构,由全体股东组成。股东大会的职权适用于有限责任公司股东会职权的规定。

股东大会分为两种形式:

① 定期会议。又称为股东年会,是指依照法律和公司章程的规定,每年召开一次的年会。我国《公司法》规定,应将会议的时间、地点和审议事项于会议召开二十日前通知各股东。

② 临时会议。是指在定期会议之外,由于发生法定事由或者根据法定人员、机构的提议而召开的会议。我国《公司法》规定,董事人数不足本法规定人数或者公司章程所定人数的三分之二时,公司未弥补的亏损达实收股本总额三分之一时,单独或者合计持有公司百分之十以上股份的股东请求时,董事会认为必要时,监事会提议召开时,公司章程规定的其他情形时,有上述情形之一的,应当在两个月内召开临时股东大会。临时股东大会应当于会议召开十五日前通知各股东。

我国《公司法》规定,股东大会会议由董事会召集,董事长主持;董事长不能履行职务或者不履行职务的,由副董事长主持;副董事长不能履行职务或者不履行职务的,由半数以上董事共同推举一名董事主持;董事会不能履行或者不履行召集股东大会会议职责的,监事会应当及时召集和主持;监事会不召集和主持的,连续九十日以上单独或者合计持有公司百分之十以上股份的股东可以自行召集和主持。股东大会作出的决议,必须经出席会议的股东所持表决权过半数通过。但是,股东大会作出修改公司章程,增加或者减少注册资本,以及公司合并、分立、解散或者变更公司形式的决议,必须经出席会议的股东所持表决权的三分之二以上通过。

(2) 董事会

董事会是代表股东对公司活动进行管理和指挥的机构,是股份有限公司的常设机构。董事会既是负责实施股东大会决议等决策的执行机构,又是制定公司一些方针政策的决策机构。董事会既对内负责公司管理,又对外代表公司进行业务活动。

我国《公司法》规定,股份有限公司设董事会,其成员为五人至十九人,其中设董事长一人,也可设副董事长,由董事会选举过半数产生。在董事会成员中,可以有由职工代表大会或其他形式民主选举产生的公司职工代表。股份有限公司董事任期由公司章程规定,每届任期不得超过三年,但可连任。董事会应每年度至少召开两次会议,在会议召开十日前通知全体董事和监事,由董事长召集和主持。董事会的会议应有过半数的董事出席方可举行,所作决议必须经半数董事通过。公司董事会可以决定由董事会成员兼任经理。股份有限公司经理的职权适用于有限责任公司经理的规定。

(3) 监事会

监事会是股份有限公司依法设立的,对董事、高级管理人员的经营管理行为及公司财务进行专门监督的常设机构。其组成方式、职权范围、会议召开和监事任期与有限责任公司的规定相同。

知识链接

有限公司和股份公司的异同

异 同		有 限 公 司	股 份 公 司
区别	1. 发起人数	1～50	2～200
	2. 性质	人资两合	资合
	3. 注册资本	最低3万	最低500万
	4. 持股方式	股权证书	股票
	5. 股份	可以不等额	等额
	6. 最高权力机关	股东会	股东大会
相同	1. 依法设立的企业法人		
	2. 股东负有限责任		
	3. 以法人财产为限承担责任		
	4. 均有章程和法定组织机构		

第二章 国际商务交易的规则
——国际货物买卖合同法

　　当今世界，不论各国在社会制度、文化特色、法律体系，以及经济运作等方面存在着怎样的差别，在维系交易的公正、公平方面，都无一例外地使用合同。在国际商务活动中，国际货物买卖是由营业地处于不同国家的当事人之间所进行的货物买卖行为，为了调整这种跨越国界的货物贸易及其各种关系而制定的法律规范的总称就是国际货物买卖合同法。

第一节　国际货物买卖合同的磋商

合同是平等主体的自然人、法人,以及其他组织之间设立、变更、终止民事权利义务关系的协议。合同的成立,必须是当事人意思表示一致,达成对双方都有约束力的协议。所谓意思表示一致,指的是要约方与承诺方合意的结果。

签订合同的过程,是双方当事人对合同的条款表示意见,互相协商,达成意见一致的过程。这一过程有两个必定要素:要约和承诺。

 案例导入

上海永胜进出口公司是一家专业的进出口贸易公司,主要经营棉纺织品等进出口业务,深受欧洲、北美和亚洲地区国家的客户欢迎。近日,上海永胜进出口公司利用公司网站发布供货信息,得知英国曼达斯进口有限公司对弹力牛仔女裙产品感兴趣,于是公司业务员方达先生通过电子邮件于 2007 年 3 月 1 日向曼达斯进口有限公司发出要约。具体内容有:弹力牛仔女裙,99％棉,1％弹力牛仔;包装条件是平摊包装,不对折,6 条混码装一个小胶袋,3 个小胶袋装一个大胶袋,一个大胶袋装入一只出口纸箱;单价为每件 7 美元 CIF 伦敦,采用即期信用证支付方式;2007 年 5 月 30 日前装运;保险按发票金额 110％投保一切险和战争险,要约 7 天有效。

英国曼达斯进口有限公司收到要约后,根据市场的需求进行仔细分析,决定接受要约的全部条件,于是在 3 月 5 日通过电子邮件向上海永胜进出口公司发出承诺。

根据合同磋商的理论,请思考下列问题:

1. 合同的磋商过程有哪些环节?
2. 在合同磋商过程中,哪些环节是必要的? 其内容如何?
3. 一个有效的要约和承诺,在法律上需要具备哪些条件? 其法律后果如何?
4. 合同成立的条件有哪些?
5. 合同有哪些形式及主要内容?

一、要约

1. 要约含义

要约是指一方当事人以缔结合同为目的,向对方当事人所作的意思表示,即订约提议。提出要约的一方称为要约人,对方称为受要约人。如受要约人不接受要约人提出的条件,向原要约人提出反条件,那么,双方的位置对换。

> **议题一**
>
> 上海永胜进出口公司与英国曼达斯进口有限公司就弹力牛仔女裙产品进行洽谈,从法理的视角分析,要约人和受要约人分别是哪方? 为什么?

2. 要约具备的法律条件

（1）要约是由特定人作出的

发出要约的目的在于订立合同，要约人必须使受要约人知道是谁发出的要约，因此，要约人必须是确定的，所以一定是特定人。

（2）要约必须是向受要约人作出订立合同的意思表示

要约人向受要约人发出要约，必须表明愿意按照要约中所提出的条件同对方订立合同的肯定表示，如受要约人发出承诺，合同即告成立。

（3）要约的内容必须具体、肯定

要约不同于一般的订约通知或订约愿望，必须要有合同的主要条款（或条件），诸如：商品的名称、数量、质量、价格，以及履行期限、地点、方式。但有些国家采取较为灵活的规定，即使对某项或某几项条款没有作出规定，只要当事人之间订立合同的意思表示是确定的，并且有合理的依据予以相应的补救，则要约仍然成立。

（4）要约必须送达受要约人时才具备法律效力

要约的生效时间，一般采用"到达主义"，因为受要约人只有知道要约的内容，才能决定是否承诺。

议题二

上海永胜进出口公司业务员方达先生用电子邮件向曼达斯进口有限公司发出要约，就其具体内容来看，符合法律规定的要约条件吗？为什么？

---

3. 要约的撤回

要约中规定对方承诺期限，在此期限内，要约人不得撤回或变更要约，如要撤回或变更，必须发出通知，与要约同时或先时到达受要约人。

议题三

上海永胜进出口公司向英国曼达斯进口有限公司发出要约，由于业务员方达工作疏忽，要约中某项内容有误，于是翌日发出撤回要约的通知。请分析，上海永胜进出口公司能撤回要约吗？为什么？

---

4. 要约的撤销

（1）要约撤销的条件

一项要约到达受要约人之后，要约人因各种原因在受要约人尚未发出承诺之前，可以撤销要约的通知，取消要约的效力。我国《合同法》规定，要约可以撤销，但撤销要约的通知应当在受要约人发出承诺通知之前到达受要约人。要约的撤销与撤回的区别在于时间的节点不同，要约的撤销是发生在要约生效之后，而要约的撤回则是发生在要约生效之前。

（2）要约不可撤销的条件

《合同法》也规定了两种要约不得撤销的情形：一是要约人确定了承诺期限或者以其他

形式明示要约不可撤销；二是受要约人有理由认为要约是不可撤销的，并已经为履行合同作了准备工作。

当然，各国法律在这方面的规定有所不同。同是英美法系，英国法律规定，在受要约人发出承诺通知之前，任何时候都可以撤销要约，除非是签字蜡封的合同。而《美国商法典》则规定，要约人在要约确定的期限内不得撤销。同是大陆法系，德国法律规定，要约人对要约原则上没有撤销权，除非有不受要约约束的声明。而法国法律认为，尽管期限届满之前要约人可以撤销要约，但必须承担损害赔偿责任。

 议题四

上海永胜进出口公司向英国曼达斯进口有限公司发出要约，由于业务员方达先生工作疏忽，要约中某项内容有误，因此于翌日发出撤销要约的通知。请分析，上海永胜进出口公司能撤销要约吗？为什么？

5. 要约的失效

要约的失效，是指一项要约丧失了法律拘束力，有下列四种情形：

① 拒绝要约的通知到达要约人；

② 要约人依法撤销要约；

③ 要约期限届满，受要约人未作出承诺；

④ 受要约人对要约的内容作出实质性变更。

二、承诺

1. 承诺的含义

承诺又称接受，是指要约的相对人完全同意要约的意思表示，接受提议的人即为承诺人。

议题五

上海永胜进出口公司与英国曼达斯进口有限公司就弹力牛仔女裙产品进行洽谈，从法理的视角分析，谁是承诺人？为什么？

2. 承诺构成的有效条件

(1) 承诺必须由受要约人作出

承诺必须由受要约人作出，非受要约人作出的答复不构成承诺。

(2) 承诺的内容应当与要约的内容相一致

承诺必须对要约毫无保留地接受，不能附带任何条件，这是承诺的核心要件。受要约人对要约的内容作出实质性变更的，为新要约。

(3) 承诺必须向要约人作出

承诺是对要约的同意，是受要约人同意与要约人订立合同的意思表示，故此，承诺应当向要约人作出。

（4）承诺应当在要约规定的承诺期限内作出

要约以信件或者电报作出的,承诺期限自信件载明的日期或者电报交发之日开始计算。信件未载明日期的,自投寄该信件的邮戳日期开始计算。要约以电话、传真等快速通讯方式作出的,承诺期限自要约到达受要约人时开始计算。要约没有确定承诺期限的,如以对话方式作出的,承诺应当即时作出(当事人另有约定的除外),如以非对话方式作出的,承诺应当在合理期限内到达。

（5）承诺应当以适当方式作出

承诺应当符合要约规定的承诺传递方式,要约没有规定承诺传递方式的,按商业习惯,即采用要约人传递要约的方式。

议题六

英国曼达斯进口有限公司就上海永胜进出口公司2007年3月1日发出的要约进行仔细分析,决定接受该要约的全部条件,于是在3月5日通过电子邮件向上海永胜进出口公司发出承诺。请分析,该承诺有效吗? 为什么?

3. 承诺的生效时间

承诺通知到达要约人时生效;如承诺不需要通知的,根据交易习惯或者要约的要求作出承诺的行为时生效;如采用数据电文形式订立合同,收件人指定特定系统接收数据电文的,该数据电文进入该特定系统的时间,视为到达时间;未指定特定系统的,该数据电文进入收件人的任何系统的首次时间,视为到达时间。承诺生效时将产生法律上的效力,即承诺生效时合同成立,这是"到达主义"原则。

4. 逾期承诺的有效性

逾期承诺分为下列两种形式:

（1）迟到承诺

迟到承诺指承诺人超过要约规定的承诺期限作出承诺,原则上该承诺为新要约。但是,如要约人通知承诺人接受迟到承诺,该承诺有效。

（2）承诺迟延

承诺迟延指受要约人在承诺期限内发出承诺,按照通常情形能够及时到达要约人,但因其他原因而使承诺到达要约人时已超过承诺期限。与迟到承诺恰好相反,迟延原则上承诺有效;作为例外,要约人及时通知因逾期不接受的,为新要约。

5. 承诺撤回的有效性

承诺的撤回是指受要约人在其作出的承诺生效之前将其撤回的行为。承诺可以撤回,但撤回承诺的通知应当在承诺通知到达要约人之前或者与承诺通知同时到达要约人。承诺一经撤回,即不发生承诺的效力。

知识链接

相关专业词汇解释

1. 意思表示

意思表示指能够产生民事法律关系的内在意志表现于外部的行为。即当事人在签订合同的过程中所表达的目的,不是指意向。签订合同,目的必须一致,但意向往往是对应的。

2. 到达主义

"到达主义"又称"受信主义",指判断签订合同的双方的意思表示是否发生法律效力所采用的一种原则。对于要约方来说,要约必须在到达受要约人后才能发生法律效力。对于承诺方来说,承诺到达要约人时生效,合同亦于此时成立。与其对应的是"投邮主义",又称"发信主义",是指在以书信或电报作出承诺时,承诺一经投邮,立即生效,合同即告成立。

3. 签字蜡封的合同

签字蜡封的合同指由当事人签字与加盖印鉴并把它交给对方而作成的,其有效性完全是由于它所采取的形式,不要任何对价的合同。与其对应的是简式合同,即包括口头和非以签字蜡封式作成的一般书面合同,这类合同必须要有对价,否则没有约束力。

4. 英美法系

英美法系,又称普通法系,是以英国自中世纪以来的法律,特别是普通法为基础发展起来的法律规范的总称。英美法系形成于英国,以后扩展到美国以及其他曾经是英国殖民地的许多国家和地区。

5. 大陆法系

大陆法系,又称民法法系,产生于 13 世纪的欧洲,是在继承和发展古代罗马法的基础上发展起来的法律规范的总称。特别是 1804 年《法国民法典》、1900 年《德国民法典》的颁布,标志着大陆法系走向成熟与完善。

6. 时效

时效指法律规定的一定事实状态在法定期间内的持续存在,从而产生相应的法律效力。它属于强制规范,当事人无权协商不受时效约束,也无权自行决定缩短或延长时效期间。

第二节　国际货物买卖合同的订立

国际货物买卖合同是指营业地位于不同国家的当事人之间就有关货物买卖的权利、义务关系而达成的协议。订立合同是为了明确双方当事人的权利和义务,必须具备法律规定的条件。

在国际货物买卖过程中,买卖双方为了明确各自的义务和权利,必须签订一份符合有关国际法律或公约所规定的合同,从而获得法律保护。国际货物买卖的法律责任是由合同的条款来体现的,而合同条款的正文部分是规定双方当事人权利和义务的实质性条款,是国际货物买卖合同的关键,签订时必须慎重。

 案例导入

　　上海永胜进出口公司与英国客商 MANDARS IMPORTS CO. LTD. 就弹力牛仔女裙交易条件达成一致后,拟定销售合同一式两份,具体内容有:货名为弹力牛仔女裙,99％棉、1％弹力牛仔;数量为 18000 件;包装条件是平摊包装,不能对折,6 条混码装一个小胶袋,3 个小胶袋装一个大胶袋,每个大胶袋装入一只出口纸箱;单价为每件 7 美元 CIF 伦敦,采用即期信用证支付方式;装运港为上海,目的港为伦敦,允许分批装运与转船,2007 年 5 月 30 日前装运;按发票金额 110％投保一切险和战争险;如有争议可提起仲裁或上诉。签章后寄给 MANDARS IMPORTS CO. LTD. 。英国客商 MANDARS IMPORTS CO. LTD. 对合同内容进行审核,核准无误后回签,双方各持一份作为履行合同的依据。

　　根据国际货物买卖合同的理论,请思考下列问题:

　　1. 国际货物买卖合同书面形式有哪些?他们有什么区别?

　　2. 国际货物买卖合同由哪几部分构成?

　　3. 国际货物买卖合同有哪些主要条款?

一、合同的形式

　　当事人订立合同,要符合法律所规定的形式。根据《合同法》的规定,当事人订立合同,可以采取书面形式、口头形式和其他形式。法律、行政法规规定采用书面形式的,应当采用书面形式;当事人约定采用书面形式的,应当采用书面形式。世界上大多数国家只对少数合同要求按法律规定的特定形式订立,而对大多数合同形式一般不从法律上规定。《联合国国际货物销售合同公约》(以下简称《公约》)规定:"买卖合同无须以书面订立或证明,在形式方面不受任何其他条件的限制,买卖合同可以包括人证在内的任何方法证明。"可见,《公约》对国际货物买卖合同的形式不加以限制,无论采用书面或口头形式,均不影响合同的效力。但是,在实际开展国际贸易业务活动中,买卖双方进行交易磋商,无论是通过口头磋商还是书面磋商,当交易达成后,买卖双方往往还需要签订一份正式的书面合同,将双方的权利、义务等明文规定下来。

　　书面形式是指合同当事人采用合同书、信件和数据电文(包括:电报、电传、传真、电子数据交换和电子邮件)等可以有形地表现所载内容的形式。在我国进出口贸易业务中,书面合同主要采用下列两种形式:

1. 合同

　　合同的条款比较完备,除商品的名称、规格、包装、数量、单价、装运港、目的港、交货期、付款方式、运输标志和商品检验等条款外,还有异议索赔、仲裁、不可抗力等条款。由于合同的内容比较全面,对双方的权利、义务以及发生争议后如何处理,均有详细的规定,对于明确双方的责任,避免争议的发生都是有利的。因此,其主要适用于大宗商品或成交金额较大的进出口交易,如:销售合同和购货合同。

2. 确认书

　　确认书属于一种简式合同,内容一般包括商品名称、规格、包装、数量、单价、交货期、装运港、目的港、付款方式、运输标志和商品检验等主要条款。对于异议索赔、仲裁、不可

抗力等条款,一般都不予列入。这种简式合同主要适用于成交金额不大,批数较多的小土特产品和轻工产品,或者已订有代理、包销等长期协议的进出口贸易,如:销售确认书和购货确认书。

上述两种形式的合同,虽然在格式、条款项目和内容的繁简上有所不同,但在法律上具有同等效力,对买卖双方均有约束力。

 议题七

上海永胜进出口公司向英国客商曼达斯进口有限公司出口18000件弹力牛仔女裙,双方签订了合同。就其内容看,该合同是销售合同,还是销售确认书?为什么?

知识链接

书面合同的作用

按照各国法律的要求,凡是合同都须能被证明,能够提供证据,以证明合同关系的存在。当双方在事后发生争议提交仲裁或诉讼时,仲裁庭和法庭也要先确定双方之间是否已建立了合同关系,并要求当事人对合同处理提供证据。用函电磋商达成的交易,证据自然不成问题。但是对于通过口头谈判达成的交易,书面合同的作用就特别明显了。如不用一定的书面形式加以确定,合同将由于不能被证明而难以得到法律的保障。因此,尽管有许多国家的法律中并不否认口头合同的效力,但在国际贸易中,一般多要求签订书面合同。这也就是通常所说的"空口无凭,立字为据"。

在国际贸易中,合同的履行涉及企业内的许多部门,还涉及外部的许多相关机构,如:运输公司、保险公司、银行等等,过程也相当复杂。口头合同如不转变成书面合同,几乎无法履行。即使通过信件、电报、电传等达成交易,如不将分散于多份信函、电报或电传中的双方协议一致的条件集中归纳到一份书面合同上来,也将难以正确履行合同。因此,买卖双方不论通过口头还是书面磋商,在达成交易后,双方都要求将商定的交易条件、各自应享受的权利和承担的义务,全面、清楚地在一个文件上用文字规定下来,作为履行合同的依据。

二、国际货物买卖合同的内容

1. 约首

约首是合同的首部,包括合同的名称、合同号数、订约的日期、行约地点、买卖双方的名称和地址及序言等内容。在规定这部分内容时一般应注意:对于双方的名称,应用全名,不能简称,地址也要详细列明。合同的序言表示双方订立合同的意愿和执行合同的保证,对双方具有约束力,因此,在规定序言时也应慎重考虑。

2. 正文

正文是合同的主体和核心,具体列明各项交易的条件。其主要内容如下:

（1）品质条款

商品品质条款指在货物买卖合同中,双方对商品的具体品质、规格、等级、品牌、款式、颜色等项目约定的条款。商品品质有下列四种表示方法:

① 凭样品品质买卖。这是指交易双方当事人约定,以样品的品质作为交易依据。样品既可以由卖方提供,也可以由买方提供。根据《公约》的规定,货物的品质应当与卖方向买方提供的货物的样品或式样相同,也即卖方一般都应当按"对等样品"(包括货物的规格、成分、质地、花样、形状及其他特征)成交,否则构成卖方违约。

② 凭规格、等级或标准确定的货物品质买卖。在难以凭样品来确定商品品质的大宗商品交易中,一般按一定的规格、等级或标准来确定商品的品质,从而凭确定了的规格、等级和标准买卖。规格是指用来反映商品品质的一些主要指标,如:重量、大小、成分、纯度、强度等;等级是指对同类商品进行的级别分类,如:特级、一级、二级等;标准是指企业、行业、政府或者国际组织对某类货物的规格、等级标准化并以一定书面形式来标明,如:公司标准、团体标准、国家标准和国际标准等。凭规格、等级或标准来确定品质时,卖方交付的货物应与合同约定的规格、等级或标准相一致,否则卖方构成违约。

③ 凭商标或牌名确定的货物品质买卖。在国际货物买卖中,如果卖方出售的货物品质不但稳定,而且在国际市场上已经树立了良好的信誉,则买卖双方可以凭商标或牌名来确定货物的品质。一般来说,有着良好商誉的商标或牌名代表了一定规格的商品品质,因此,此种买卖可以不再订明具体标准或提供样品。

④ 凭说明书确定的货物品质买卖。商品说明书是关于商品的性质、构造以及使用方法等的文字材料。在买卖一些构造和性能复杂的设备时,须凭详细的说明书。在凭说明书的买卖中,有的合同除说明书外,还规定品质保证的条款,即卖方保证在一定期限内所出售的货物品质符合说明书上规定的技术指标,否则,买方可以要求退货。

品质条款是买卖合同重要条款,是双方交接货物的重要依据。英国《货物买卖法》当中,把品质条款视为要件,如违反要件,买方有权撤销合同,甚至可以要求赔偿损失。品质条款也是商品检验、仲裁机构和法院解决纠纷的依据。从条款中可以看出,在国际货物买卖合同中,不同种类的货物有不同的品质表示方法。由于双方当事人处于不同的国家,一般不会直接看到货物,因此,双方在合同中对货物品质的约定就显得尤为重要。

（2）数量条款

数量条款主要包括:交货数量、计量单位与计量方法等内容。对于有些农产品或矿产品,如:矿砂、化肥、粮食、食糖等大宗散装货物,由于受商品特性、货源变化、船舱容量、装载技术和包装等因素的影响,要求准确地按约定数量交货,存在一定困难。因而为了便于履行合同,允许在合同规定的数量与实际交货数量之间有一定的机动幅度。

（3）包装条款

包装指在流通过程中为保护产品、方便储运、促进销售,按一定技术方法而采用的容器、材料及辅助物等总称,主要包括:包装的种类和性质、包装材料、包装尺度、包装费用和运输标志等内容。

（4）价格条款

价格包括单价和总价两个部分。单价是指每一个计量单位的商品以某种货币表示的价格；总价是指合同标的全部金额。一个完整的单价条款应具备计价货币、计价单位、单位价格金额和价格术语四个方面的内容。

《2000 年国际贸易术语解释通则》的规定

组别特征	简称及含义	交货地点	风险转移	运输	运输保险	运输方式	海关清关手续
E 组内陆交货	EXW 工厂交货	卖方工厂	交货时	买方	买方	各种运输	进出口全由卖方办理
F 组装运合同主要运费未付	FCA 货交承运人	交承运人（买方指定）	交货时	买方	买方	各种运输	由卖方买方各自办理
	FAS 船边交货	指定装运港船边	交货时	买方	买方	海运、内河	（同上）
	FOB 船上交货	指定装运港船上	装运港船舷	买方	买方	海运、内河	（同上）
C 组装运合同主要运费已付	CFR 成本加运费	指定装运港船上	装运港船舷	卖方	买方	海运、内河	（同上）
	CIF 成本保险费运费	指定装运港船上	装运港船舷	卖方	卖方	海运、内河	（同上）
	CPT 运费付至	货交第一承运人	交货时	卖方	买方	各种运输	（同上）
	CIP 运费保险费付至	货交第一承运人	交货时	卖方	卖方	各种运输	（同上）
D 组到货合同	DAF 边境交货	边境指定地点（不卸货）	交货时	卖方	卖方	陆上运输	（同上）
	DES 目的港船上交货	目的港船上（不卸货）	交货时	卖方	卖方	海运、内河	（同上）
	DEQ 目的港码头交货	目的港码头（货从船上卸到码头）	交货时	卖方	卖方	海运、内河	（同上）
	DDU 未完税交货	指定目的地（不卸货）	交货时	卖方	卖方	各种运输	（同上）
	DDP 完税交货	指定目的地（不卸货）	交货时	卖方	卖方	各种运输	进出口全由卖方办理

（5）支付条款

支付条款包括支付方式、结算使用的币种、付款金额、支付地点与时间等内容。如：进口商应于 2008 年 8 月 31 日前将全部货款用电汇方式预付给出口方；买方应通过卖方所接受的银行于装运月份前 45 天开立并送达卖方不可撤销即期信用证,有效至装运月份后第 15 天,在中国议付。

支付货款是买方的主要义务,同时也是卖方履行交货义务的前提条件。根据《公约》的规定,支付货款的地点与时间首先是依当事人在合同中的约定为准。如果合同中未约定付款的地点,则买方应在以下地点支付货款:

① 卖方的营业地(如有一个以上的营业地,应在卖方与合同及合同的履行关系最密切的营业地);

② 凭移交货物或单据的地点。

如果付款的时间未在合同中约定,则买方应于下列时间支付货款:

① 在卖方将货物或单据置于买方控制下时付款(交货时付款);

② 在买卖合同涉及运输时,在收到银行的付款通知时付款(先付款,后发运);

③ 在买方没有机会检验货物前,无义务支付货款(先检验,后付款)。

(6) 装运条款

装运条款主要包括:装运时间、装运港、目的港、分批装运、转运和装运通知等内容,并对其做出具体的规定。

装运时间又称装运期,是指卖方将合同规定的货物装上运输工具或交给承运人的期限。通常有两种规定方法:一是明确规定具体的装运时间,如:5 月装运或装运期不迟于 5 月 31 日;二是规定收到信用证后若干天装运。卖方必须严格按规定时间交付货物,不得任意提前和延迟。否则,买方有权拒收货物,解除合同,并要求损害赔偿。

装运港是指货物起始装运的港口;目的港是指最终卸货的港口。在国际贸易中,装运港一般由卖方提出,经买方同意后确认;目的港一般由买方提出,经卖方同意后确认。

分批装运是指一个合同或信用证项下的货物,分若干批装于不同航次船只而进行的运输。一般有三种规定方法:一是只规定"允许分批装运",其余不加任何限制;二是订明分若干批装运,而不规定每批装运的数量;三是订明每批装运的时间和数量。如果不订明,不仅会延误时间、增加费用,而且还有可能出现货损、货差。

为了互相配合,明确双方的责任,共同做好车、船、货的衔接工作,买卖双方都要承担互相通知的义务。因此,装运通知也是装运条款中的一项重要内容。按照国际贸易的惯例,在 FOB 条件成交时,卖方应在约定的装运期开始以前,向买方发出货物备妥通知,以便买方及时派船接货;买方接到卖方通知后,应按约定的时间,将船名、船舶到港日期等通知卖方,以便卖方及时安排货物出运和准备装船。如果按 CIF、CFR、FOB 条件成交时,卖方应于货物装船后,立即将合同号、货物名称、数量、重量、发票金额、船名及装载日期等项内容,电告买方,以便买方做好各项准备并做好进口报关等手续。

(7) 保险条款

保险条款所涉及到的内容,一般有投保金额、投保险别、保险费、保险单证和保险适用的条款等。如果按 FOB、FCA、CFR、CPT 等贸易条件签订买卖合同,只需明确保险责任,比如:保险由买方负责办理;如果按 CIF 或 CIP 贸易条件签订买卖合同,保险条款应订得明确具体,一般包括投保责任、保险金额、投保险别和适用的条款等内容,比如:保险由卖方按发票金额110%投保一切险,按 1981 年 1 月 1 日中国人民保险公司海洋运输货物保险条款负责。

（8）商品检验检疫条款

商品检验检疫条款主要明确商品的检验检疫机构、检验检疫的时间、检验检疫的地点、商品检验证书的名称和索赔时效等内容。比如：货物在装运港装运前7天内，由中国出入境检验机构对货物进行检验，该机构签发的质量检验检疫证书作为信用证项下议付所提交的单据的一部分，买方有权对货物的质量进行复验，复验费由买方负担。但若发现质量与合同规定不符时，买方有权向卖方索赔，并提供经卖方同意的公证机构出具的检验报告。索赔期限为货物到达目的港（地）后180天内。

（9）不可抗力条款

不可抗力条款是规定在合同订立后发生当事人在订立合同时不能预见、不能避免、不可控制的意外事故，以致不能履行合同或不能如期履行合同时，可以免除履行合同责任的条款。主要包括不可抗力的含义、范围以及不可抗力引起的法律后果等内容。

根据《公约》的规定，不可抗力引起的法律后果是遭受不可抗力的一方可解除合同或延迟履行而不承担责任。

> **议题八**
>
> 印度尼西亚食品贸易公司与荷兰食品公司签订了出口肠衣的合同，价格条件是CIF鹿特丹，由于印度尼西亚发生海啸并引起地震，导致该出口肠衣生产的食品贸易公司厂房和设备遭受严重损害，无法按合同规定的时间履行。为此，印度尼西亚食品贸易公司以不可抗力事件为由，向荷兰食品公司提出解除贸易合同。请分析，印度尼西亚食品贸易公司的要求合理吗？为什么？

（10）仲裁条款

仲裁条款主要有仲裁地点、仲裁机构、仲裁裁决的效力和裁决费用承担等内容。如：凡因执行本合同所发生的或与本合同有关的一切争议，双方应通过友好协商解决；如果协商不能解决，应提交中国国际经济贸易仲裁委员会，根据该委员会的仲裁规则进行仲裁。仲裁裁决是终局的，对双方都有约束力。仲裁费用除仲裁庭另有规定外，均由败诉方负担。

3. 约尾

约尾是合同的结尾部分，包括合同适用的法律和惯例、合同的有效期、合同的有效份数、合同使用的文字及其效力、双方代表的签字等内容。有时，缔约地点、缔约时间也出现在约尾。

> **议题九**
>
> 上海永胜进出口公司与英国客商曼达斯进口有限公司签订了弹力牛仔女裙销售合同，如果合同双方当事人未在合同上签章。请分析，该合同是否有效？为什么？

上海永胜进出口公司
SHANGHAI YONGSHENG IMP. & EXP. CO.
21 WEST ZHONGSHAN ROAD，SHANGHAI，CHINA

售 货 确 认 书   S/C No.：<u>TXT200710</u>

POST CODE：200031   DATE：<u>MAR. 15，2007</u>

FAX：86－21－64500002

TEL：86－21－64500003

To MESSRS：

     MANDARS IMPORTS CO. LTD.

     38 QUEENSWAY，2008UK

径启者：

     兹确认售予你方下列货品，其成交条款如下：

Dear Sirs，

     We hereby confirm having sold to you the following goods on terms and conditions as specified below：

唛 头 SHIPPING MARK	商品名称、规格及包装 NAME OF COMMODITY，SPECIFICATIONS AND PACKING	数 量 QUANTITY	单 价 UNIT PRICE	总 值 TOTAL AMOUNT
MANDARS TXT200710 LONDON C/NO.：1—UP	LADIES DENIM SKIRT 牛仔女裙 FABRIC：99% COTTON 1% ELASTIC 99%棉 1%弹力牛仔 PACKING：FLAT, PACK WITHOUT FOLDING, 6 PIECES ASSORTED SIZES PER POLYBAG, 3 POLYBAGS IN A MASTER POLYBAG AND THEN INTO AN EXPORT CARTON 平摊包装，不能对折，6 条混码装一个小胶袋，3 个小胶袋装一个大胶袋，1 个大胶袋装入一只出口纸箱	18 000PCS	CIF LONDON USD 7.00	USD 126000.00

装运港：   SHANGHAI

LOADING PORT：

目的港：   LONDON

DESTINATION：

装运期限：   LATEST DATE OF SHIPMENT 070530

TIME OF SHIPMENT：

分批装运：   ALLOWED

PARTIAL SHIPMENT：

转船：   ALLOWED

TRANSHIPMEN：

保险：   FOR 110 PERCENT OF THE INVOICE VALUE COVERING ALL RISKS
                                AND WAR RISK

INSURANCE：

付款条件：   BY L/C AT 60 DAYS SIGHT AFTER B/L

TERMS OF PAYMENT：

　　唛头：☑由卖方指定。□由买方指定，须在信用证开出前_____天提出并经卖方同意，否则由卖方指定。

Shipping mark：☑ To be designated by the Seller. □ In case the Buyer desire to designate their own shipping mark，the Buyer shall advise the Seller _____ days before opening L/C and the Seller's consent must be obtained. Otherwise the shipping mark will be designated by the Seller.

　　买方须于 2007 年 5 月 10 日前开出本批交易的信用证（或通知售方进口许可证号码），否则，售方有权不经过通知取消本确认书，或向买方提出索赔。

The Buyer shall establish the Covering Letter of Credit (or notify the Import License Number) before May. 10，2007，failing which the Seller reserves the right to rescind without further notice，or to accept whole of any part of this Sales Confirmation non-fulfilled by the Buyer，or to lodge claim for direct losses sustained，if any.

　　凡以 CIF 条件成交的业务，保额为发票价的 110%，投保险别以售货确认书中所开列的为限，买方如果要求增加保额或保险范围，应于装船前经卖方同意，因此而增加的保险费由买方负责。

For transactions concluded on C. I. F basis，it is understood that the insurance amount will be for 110% of the invoice value against the risks specified in Sales Confirmation. If additional insurance amount or coverage is required，the buyer must have consent of the Seller before Shipment，and the additional premium is to be borne by the Buyer.

　　品质/数量异议：如买方提出索赔，凡属品质异议须于货到目的口岸之60日内提出，凡属数量异议须于货到目的口岸之30日内提出，对所装货物所提任何异议属于保险公司、轮船公司等其他有关运输或邮递机构，卖方不负任何责任。

QUALITY/QUANTITY DISCREPANCY：In case of quality discrepancy，claim should be filed by the Buyer within 60 days after the arrival of the goods at port of destination；while for quantity discrepancy，claim should be filed by the Buyer within 30 days after the arrival of the goods at port of destination. It is understood that the Seller shall not be liable for any discrepancy of the goods shipped due to causes for which the Insurance Company，Shipping Company，other transportation organization，or Post Office are liable.

　　本确认书内所述全部或部分商品，如因人力不可抗拒的原因，以致不能履约或延迟交货，卖方概不负责。

The Seller shall not be held liable for failure or delay in delivery of the entire lot or a portion of the goods under this Sales Confirmation in consequence of any Force Majeure incidents.

　　买方收到本售货确认书后请立即签回一份，如买方对本确认书有异议，应于收到后五天内提出，否则认为买方已同意接受本确认书所规定的各项条款。

The buyer is requested to sign and return one copy of the Sales Confirmation immediately after the receipt of same. Objection，if any，should be raised by the Buyer within five days after the receipt of this

Sales Confirmation, in absence of which it is understood that the Buyer has accepted the terms and conditions of the sales confirmation.

| 买　方：*PETER* | MANDARS IMPORTS CO. LTD. | 卖　方：**方达** | 上海永胜进出口公司 |
| THE BUYER： | | THE SELLER： | 合同专用章 |

三、合同成立的法律条件

1. 合同主体必须具有相应的民事行为能力和权利

合同当事人是平等的民事主体，同时又必须具有民事行为能力（例如：经济单位必须取得法人资格才能成为合同当事人）。无民事行为能力人实施的民事行为无效；被限制民事行为能力人（例如：未成年人），不能独立行使民事行为，否则同样无效。

合同主体不仅要有行为能力，而且必须具有相应的权利。行为人的行为权利是判定合同是否有效的必要条件。合同中超越行为人行为权利的一切条款都是无效的。

议题十

日本高田樱花服装株式会社与上海艺校学生——17周岁的歌手陈茵，于2008年4月20日在日本高田（上海）樱花服装株式会社业务室签订了一份演出合同，约定陈茵为该公司的新产品发布会助兴。虽然陈茵已经是一位相当有名气的歌手，并有正式的演出合同。请分析，该合同有效吗？为什么？

---

2. 合同当事人的意思表示必须符合本人的真实意志

合同当事人的行为特点是自主、自愿、自由。在商务活动中，应当遵守公平交易、等价有偿、诚实守信的原则。意思表示有偏差，甚至虚假，会严重影响合同的履行，从而严重侵害当事人的利益。不真实的意思表示主要有以下几种现象：

（1）错误

错误是指双方当事人对行为性质、对方当事人、标的品质等发生重大误解，从而造成行为后果与自己的意思相悖，带来不应有的损失。

（2）欺诈

欺诈是指当事人一方故意告知对方虚假信息，或故意隐瞒真实情况，诱骗对方作出错误意思表示，从而骗取不当得利的行为。

（3）胁迫

胁迫是指当事人一方用不正当手段要挟、威吓，甚至监禁对方，迫使对方按自己的意志签订合同，给对方生命健康、荣誉名誉以及财产带来极大损害的行为。

对胁迫的法律后果，各国法律一致规定合同无效。因为胁迫违背自主、自愿、自由的契约原则，极大地破坏了商务活动的正常秩序，会造成极为恶劣的后果。

（4）显失公平

显失公平是指当事人一方利用自己的优势（或利用对方没有经验），致使双方的权利义务明显不公平，而使对方遭受损失的行为。对显失公平的法律后果，各国法律一般规定遭受不利的一方可以要求变更或撤销合同。有的国家(如：美国)规定受害方负有举证责任。

议题十一

上海丁丁房产中介公司与卢姓客户在签订房屋买卖中介合同时,设定条款如下:①如买方未于约定日签订房屋买卖合同,则支付诚意金给中介公司;②为确保房屋买卖成交,买方需在签订合同前交付承购意向金人民币 1 万元;③买方在签订合同时,应支付总房款 30% 的分期款(含定金);④委托合同履行期间,买卖双方达成协议,签订合同后,卖方违约的,买方同意将卖方赔偿的定金的 50% 支付给中介公司作为佣金。请分析,这些条款合法吗？ 为什么？

3. 合同的形式必须合法

合同的形式是当事人合意的表现形式,即合同内容的载体。从合同订立形式的角度看,合同可以分为要式合同和不要式合同,前者是指必须按照法定的形式或手续订立的合同;后者是指法律上不要求按照特定形式订立的合同。

要式合同最早来源于罗马法,这是基于当时社会环境的产物。现代社会,商品交换关系高度发达,如果无论订立什么合同,都要采用一套复杂的法律形式,无形中将增加交易成本,降低交易效率,从而阻碍社会经济的发展。因此,近代以来,各国的法律在合同形式问题上,都采取"不要式原则",只有对某些合同才要求必须按照法律规定的特定形式订立,当然,这种要式合同一般为数甚少,属于例外。

4. 合同必须合法

世界上绝大多数国家法律都规定,当事人订立的合同必须合法,并规定凡是违反法律、违反善良风俗与公共秩序的合同一律无效。

5. 合同必须有对价或约因

约因属大陆法系的概念,是指缔约当事人产生该项债务所追求的最接近与最直接的目的,是合同有效成立的要素之一。如果约因为法律所禁止,或者约因违反善良风俗或公共秩序,此种约因即属不法的约因,也不发生任何效力。

对价属英美法系的概念,口头合同和非以签字蜡封式作成的一般的书面合同要有对价,即互为有偿,相互给付,否则就没有约束力。对价必须具备五个条件:①对价必须是合法的,凡是以法律所禁止的东西作为对价的,都是无效的;②对价必须是待履行的对价或者是已履行的对价;③对价必须具有某种价值,但不要求充足;④已经存在的义务或法律上的义务不能作为对价;⑤对价必须来自受允诺人。

议题十二

山田先生在日本从事国际贸易业务,今年 12 月在我国某地洽谈业务后,护照与合同书不慎被窃。为了能及早返日,不给公司造成经济损失,山田先生登报启示,对归还护照与合同书者给予 2000 元的酬金。当地的便衣警察小李在抓获小偷时,获得了山田先生的护照与合同书,并及时将其归还。请分析,便衣警察小李是否可获取酬金？ 为什么？

第三节　国际货物买卖合同的履行

当国际货物买卖合同签订后,合同的双方当事人应严格按照规定履行各自的义务。按照合同规定的品质、数量、包装和时间、地点交付货物是卖方的主要义务,也是卖方行使收取货款权利的前提条件。按照合同规定的金额与时间支付货款是买方的主要义务,同时也是卖方履行交货义务的前提条件。

案例导入

中国浙江省义乌国际贸易公司与澳大利亚 WINSH 公司签订了一份圣诞用品销售合同。合同约定:圣诞老人 10000 个,单价每个 20 美元,每 10 个装一只纸箱;圣诞树 10000 棵,每棵 10 美元,每 5 棵装一只纸箱;CIF 悉尼,即期信用证付款;10 月 30 日前交货,装运港为上海,不得分批和转船。10 月 20 日,义乌国际贸易公司在浙江义乌火车站装车运往上海港,转船运往悉尼。

根据国际货物买卖合同的理论,请思考下列问题:

1. 《公约》对卖方履行合同的义务主要包括哪些具体规定?
2. 《公约》对货物的质量担保义务有哪些规定?
3. 《公约》对买方履行合同的义务有哪些规定?

一、卖方履行合同的义务

卖方履行合同的义务主要包括交付货物、交付单据、货物的质量担保、货物的权利担保等。

1. 交付货物的义务

交付货物是卖方的主要义务,也是卖方行使收取货款权利的前提条件。依照《公约》的规定,卖方应依合同规定的时间、地点以及方式完成其交付义务。

(1) 关于交付货物的地点

《公约》对交付货物的地点作了如下规定:

① 合同已明确约定了交付地点,则依约履行;

② 合同没有规定具体交付地点的,如果国际货物销售合同涉及到货物的运输,则交货地点是货交第一承运人的地点;如果卖方不需办理运输事宜,则卖方在货物的所在地完成交货;

③ 在其他情况下,卖方应在订立合同的营业地交货。

> ### 议题十三
>
> 义乌国际贸易公司与澳大利亚 WINSH 公司签订的圣诞用品销售合同规定:10 月 30 日前交货,装运港为上海,不得分批和转船。10 月 20 日,义乌国际贸易公司在浙江义乌火车站装车运往上海港,转船运往悉尼。请分析,出口商按合同规定的装运港履行交货义务了吗?为什么?

（2）关于交付货物的时间

《公约》第33条对卖方交货时间作了如下规定：

① 合同规定了交付货物的日期，或从合同可以确定日期的，应在指定的日期交货；

② 如果合同规定某段时间交付货物，或从合同可以确定某段时间交付货物的，除非情况表明应由买方选定一个日期外，应在该段时间内任何时候交货；

③ 在其他情况下，应在订立合同后一段合理时间内交货。

议题十四

义乌国际贸易公司与澳大利亚 WINSH 公司签订的圣诞用品销售合同规定：10月30日前交货，装运港为上海。10月30日，义乌国际贸易公司在浙江义乌火车站装车运往上海港，转船运往悉尼。请分析，出口商能按合同规定的交货时间履行交货义务吗？为什么？

---

2. 交付单据的义务

在国际贸易中，单据对于买方而言是十分重要的，尤其是在象征性交货的情况下，单据可能会影响到买方是否能及时提货和转卖货物。为此，《公约》第34条对卖方交付单据作了具体的规定：如果卖方有义务移交与货物有关的单据，必须按照合同所规定的时间、地点和方式移交这些单据；如果卖方已移交这些单据，可在合同所规定的时间到达前纠正单据中任何不符合合同规定的情形。但是，不得造成买方的不便或使买方承担不合理的开支，否则买方可请求损害赔偿。

议题十五

义乌国际贸易公司与澳大利亚 WINSH 公司签订的圣诞用品销售合同约定采用即期信用证支付方式，在信用证单据条款中规定出口商提供普惠制原产地证书。由于义乌国际贸易公司业务员的工作疏忽，未能及时办理，在结汇时，遭到银行的拒付。请分析，银行拒付合理吗？为什么？

---

3. 货物的质量担保义务

货物质量担保义务，又称货物的品质担保义务，是指卖方必须保证其交付的货物与合同的规定相符。《公约》对货物质量担保义务作了如下规定：

① 合同对数量、质量、规格和包装作出明确规定的，卖方所交付的货物必须与合同规定的相符。

② 如果合同没有对数量、质量、规格和包装作出明确规定，可按下列规定处理：货物适用于同一规格货物通常使用的目的；货物适用于订立合同时曾明示或默示地通知卖方的任何特定目的；货物的质量与卖方向买方提供的货物样品或样式相同；货物按照同类货物通用的方式装箱或包装，如果没有此种通用方式，则按照足以保全和保护货物的方式装箱或包装。

　　义乌国际贸易公司与澳大利亚 WINSH 公司签订的圣诞用品销售合同规定：圣诞老人 10000 个，每 10 个装一只纸箱；圣诞树 10000 棵，每 5 棵装一只纸箱。在包装时，由于纸箱库存断货，且交货在即，于是用塑料箱代替纸箱。义乌国际贸易公司业务员认为塑料箱比纸箱结实，也就没有通报买方核准。请分析，出口商的做法是否违反合同包装条款的规定？为什么？

4. 货物的权利担保义务

　　货物的权利担保义务，是指卖方保证对其出售的货物拥有完全的所有权，并保证不侵犯他人的权利。货物权利担保的内容一般包括所有权担保和知识产权担保两个方面。货物的所有权担保是指卖方保证对其出售的货物享有完全的所有权，必须是第三方不能提出任何权利或要求的货物；货物的知识产权担保是指卖方保证其出售的货物没有侵犯任何第三方的工业产权和知识产权。

二、买方履行合同的义务

　　买方履行合同的义务有支付货款和接受货物两项。

1. 支付货款的义务

　　按照《公约》的规定，买方应当依据合同约定的时间、地点履行支付货款手续。

(1) 关于支付货物价款的地点

　　《公约》对支付货款的地点作了如下规定：

　　① 按照合同约定的支付货款的地点进行支付；

　　② 如果合同没有约定支付货款的地点，应在下列地点支付价款：如果卖方有一个以上的营业地，买方支付货款的地点为卖方与合同及合同的履行关系最密切的营业地；如凭移交货物或单据支付价款，则为移交货物或单据的地点。

(2) 关于支付货物价款的时间

　　《公约》对支付货款的时间作了如下规定：

　　① 按照合同约定的支付货款的时间进行支付；

　　② 如果合同没有约定支付货款的时间，应于下列时间支付价款：交货时，即在卖方将货物或单据置于买方控制下时，先检验，后付款。

 **议题十七**

　　义乌国际贸易公司向澳大利亚 WINSH 公司出售圣诞用品，采用即期信用证支付方式，在按信用证规定的时间装运后，持全套结汇单据通过开证行收取货款。由于临近年底，澳大利亚 WINSH 公司资金周转不畅，故在到货后 20 天才付款赎单。请分析，澳大利亚 WINSH 公司的付款时间违约吗？为什么？

国际商务法律法规

2. 接受货物的义务

《公约》对买方接受货物的义务作了如下规定：

① 买方应采取一切理应采取的行动，以期卖方能交付货物。在国际货物买卖中，一方当事人应当采取与另一方当事人相适应的步骤，即双方有相互合作的义务。

② 买方提取货物。提取货物要求买方将货物置于自己的实际控制之下，买方提货虽然是自身利益的需要，但是也会对卖方产生一定的影响，因此，买方一定要按时提货。

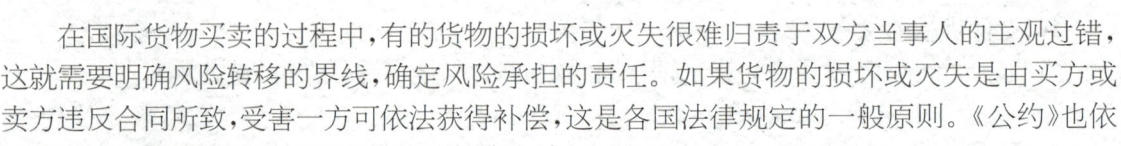

议题十八

义乌国际贸易公司与澳大利亚 WINSH 公司签订的圣诞用品销售合同采用即期信用证支付方式。义乌国际贸易公司在按信用证规定的时间装运后，持全套结汇单据通过开证行收取货款。由于当地圣诞用品销售不理想，澳大利亚 WINSH 公司拒绝付款、提货。请分析，澳大利亚 WINSH 公司既不付款也不提货构成违约吗？为什么？

第四节 货物风险的划分与救济方法

在国际货物买卖的过程中，有的货物的损坏或灭失很难归责于双方当事人的主观过错，这就需要明确风险转移的界线，确定风险承担的责任。如果货物的损坏或灭失是由买方或卖方违反合同所致，受害一方可依法获得补偿，这是各国法律规定的一般原则。《公约》也依违约性质和造成的后果规定了具体的救济方法。

案例导入

南通医保进出口公司经营一种"雪莲"牌专治牛皮癣的中成药，出口已有数年历史。在今年的广交会上，马来西亚药品经营客商 T. W. 公司对该公司商品感兴趣，双方签订了合同。合同规定：CIF 巴生港；每盒 8 美元，数量 2 万盒；交货时间为 2007 年 9 月。南通医保进出口公司于 2007 年 9 月 23 日发运到南通港口指定仓库，在办理货物的报关时，由于仓库漏电引起火灾，致使部分货物受损。为了尽快交货，部分完好的货物仍旧按原定的时间装船，剩余的部分进行加班加点生产，于 10 月 10 日出运。

根据国际货物买卖合同的理论，请思考下列问题：

1. 《公约》对风险分担的原则有哪些主要规定？
2. 《公约》对风险转移的时间有哪些规定？
3. 《公约》对卖方违反合同时，给予买方的救济方法有哪些规定？
4. 《公约》对买方违反合同时，给予卖方的救济方法有哪些规定？

一、风险分担的原则

《公约》对买卖双方风险的分担采用了下列原则：

1. 以交货时间确定风险的原则

《公约》规定,从买方接收货物时起,风险转移到买方承担,采用的是所有权与风险相分离的原则。我国的《合同法》采取的也是这个原则,称之为"交付主义"原则。有些国家是以所有权的转移时间作为风险转移时间的。

2. 国际惯例优先原则

《公约》规定,双方当事人业已同意的任何惯例和他们之间确立的任何习惯做法,对双方当事人均有约束力。对于货物风险的转移,国际惯例有明确的规定。例如:根据 2000 年《国际贸易术语解释通则》的规定,FOB、CIF、CFR 的合同,风险的划分是以装运港的船舷为界的,合同如选择这些贸易术语,就优先适用。

3. 过失划分的原则

《公约》规定,货物在风险转移到买方承担后遗失或损坏,买方支付价款的义务并不因此解除,除非这种遗失或损坏是由于卖方所致。意思是假若货物的损坏或灭失是由于卖方发生违约行为所致,则风险还是由卖方承担。

4. 特定化(划拨)是风险发生转移的前提条件

《公约》规定,货物在划拨到合同项下前,风险不发生转移。划拨也称特定化,是指将某一笔货物确定在某一个合同项下,使合同中的标的是确定的,则该标的就是用来履行合同的,不能挪为他用。

 **议题十九**

南通医保进出口公司与马来西亚客商 T. W. 公司签订的合同规定:以 CIF 价格条件成交。请分析,由于仓库漏电引起火灾,致使部分货物受损,其适用《公约》风险分担的哪个原则?为什么?

二、风险转移的时间

《公约》将风险转移时间分为以下几种情况:

1. 对于合同中有运输条款的风险转移

对于此类风险转移,《公约》规定:①如果卖方有义务在某一特定地点把货物交付给承运人运输,在货物于该地点交付给承运人以前,风险不转移到买方承担,但当卖方履行义务之后,货物的风险就随之转移给了买方;②如果卖方没有义务在某一特定地点交付货物,自货物按照销售合同交付给第一承运人以转交给买方时起,风险就转移到买方承担。

议题二十

珠江进出口贸易公司与印度客商签订了一份白布销售合同,采用 CIP 贸易术语成交。珠江进出口贸易公司按照合同规定的时间及时委托货代公司办理订舱手续,并根据指示将货物交付指定的航空运输公司。但是货物在装机前 10 小时由于雷电导致仓库失火,全部货物被毁。请分析,该损失应由谁承担?为什么?

2. 对于在运输途中销售的货物的风险转移

《公约》规定,对于在运输途中销售的货物,从订立合同时起,风险就转移到买方承担。

3. 其他情况的风险转移

这里主要指不由卖方负责运输的情况。《公约》规定,如在卖方营业地交货,或在卖方营业地以外的地点交货,此时,风险从买方接受货物时起或货物交由买方处置时起转移给买方。如:EXW(工厂交货),当货物装上买方指定的运输工具时,货物风险就转移到买方。

知识链接

国际货物风险的转移

1. 货物涉及运输的风险转移

如果销售合同涉及到货物的运输,但卖方没有义务在某一特定地点交付货物,自货物交付给第一承运人以转交买方时,风险就从卖方转移到买方承担。如果卖方有义务在某一特定地点把货物交付给承运人,在货物于该地点交付给承运人之前,风险不转移给买方承担。但卖方受权保留控制货物处置权的单据,并不影响风险的转移。货物交付第一承运人起风险从卖方转移到买方,这是一般规则。但是,如一批货物已交付承运人,而卖方并未将该批货物与某一特定买方联系起来,则表明该批货物是为了履行某一合同,风险仍未转移给买方。

2. 在途货物的风险转移

对于在运输途中销售的货物,从订立合同时起,风险就转移到买方。如情况表明有需要时,则从货物交付给签发包含运输合同单据的承运人时起,风险就由买方承担。如卖方在订立合同时已知道或理应知道货物已经遗失或损坏,而他又不将这一事实告知买方,则这种遗失或损坏应由卖方负责。

3. 卖方违约时风险的转移

如果卖方根本违反合同,则有关风险转移的一切规定,应不损害买方且买方可以采取各种补救办法。

4. 货物特定化

在国际货物买卖合同的履行中,卖方所交付的货物必须是特定化或者已经特定化的货物,货的特定化常常关系到货物的所有权和风险的转移。

三、违约的救济方法

违约是指合同当事人无正当理由未履行或未全部履行或未正确履行合同义务的行为。违约的救济方法是指当一方当事人违反合同时,另一方当事人可依法获得补偿的方法。

1. 卖方违反合同时适用于买方的救济方法

（1）要求实际履行

《公约》规定,买方可以要求卖方履行义务,除非买方已采取与此一要求相抵触的某种补救办法。

议题二十一

　　山西玻璃制品有限公司委托欣欣进出口贸易公司从法国DLN贸易公司进口一套玻璃生产设备,付款条件为即期信用证。由于法国DLN贸易公司因故不能按期交货,向我方提出解除合同并给予一定的赔偿。我方要求法国DLN贸易公司实际履约,但同意将信用证上的交货期延迟,并给予一定经济补偿。请分析,我方的做法合理吗?为什么?

(2) 交付替代物

　　《公约》规定,如果卖方交付的货物不符合合同的规定,并且此种不符合构成根本违反合同时,买方可以要求交付替代货物。买方关于替代货物的要求,必须和说明货物与合同不符的通知同时提出,或者在该项通知发出后一段合理时间内提出。

议题二十二

　　美国太平洋公司向上海粮油进出口公司进口特级核桃仁500公斤,每公斤26美元,预付款40%,余下60%在收货后30日内付清。上海粮油进出口公司收到美国太平洋公司40%的预付款后进行采购,由于特级核桃仁缺货,便立即电函致美国太平洋公司说明情况。为此,美国太平洋公司建议用一级核桃仁代替,但价格需作适当减价。请分析,美国太平洋公司的要求有无法律依据?为什么?

(3) 修理

　　《公约》规定,如果卖方交付的货物不符合合同规定,买方可以要求卖方通过修理对不符合之处做出补救。买方关于修理的要求,必须和说明货物与合同不符的通知同时提出,或者在该项通知发出后一段合理时间内提出。

(4) 减价

　　《公约》规定,如果货物不符合合同规定,不论价款是否已付,买方都可以减低价格。减价按实际交付的货物在交货时的价值与符合合同的货物在当时的价值两者之间的比例来计算。

议题二十三

　　常州纺织品贸易公司与德商签订了20万米印花织物销售合同。由于我方经办人的疏忽,将客商要求的菊花印花图案误为兰花图,货到目的地后被德商拒收,宣告合同无效并要求我方赔偿。请分析,德商的要求合理吗?为什么?

(5) 宣告合同无效

　　《公约》规定,当卖方在完全不交付货物或不依合同规定交付货物属于根本违反合同时,即因一方当事人违反合同而使另一方当事人遭受重大损失,实际上剥夺了其依合同规定期待的利益时,买方可以宣告合同无效。

议题二十四

南通医保进出口公司与马来西亚 T. W. 公司签订了雪莲牌专治牛皮癣的中成药合同。在办理货物的报关时,由于仓库漏电引起火灾,致使部分货物受损。为此,南通医保进出口公司向马来西亚 T. W. 公司提出延迟履行合同。马来西亚 T. W. 公司不同意,提出解除合同并要求我方赔偿。请分析,马来西亚 T. W. 公司的要求合法吗?为什么?

2. 买方违反合同时适用于卖方的救济方法

(1) 要求履行义务

《公约》规定,如果买方不履行其在合同和《公约》中规定的任何义务,卖方可以要求其履行义务,如:要求买方履行支付货款、收取货物以及其他应履行的义务。

(2) 宣告合同无效

《公约》规定,卖方在下列情况下可以宣告合同无效:

① 当买方不履行其在合同或《公约》中的任何义务,等于根本违反合同时。

② 买方不在卖方规定的额外时间内履行支付价款的义务或收取货物,或买方声明其将不在所规定的时间内履行。但如买方支付了全部货款,卖方原则上就丧失了宣告合同无效的权利。

3. 买卖双方违反合同时适用于买卖双方的一般规定

《公约》还规定了适用于买卖双方的一般规则,主要有中止合同、损害赔偿、支付利息、免责、宣告合同无效、货物保全等。

第三章　国际商务代理制度
——代理法

在各类国际商事交易行为中,代理制度都得到了广泛运用,代理关系也成为最普遍的法律关系之一。尤其是在国际贸易中,许多事项都是通过代理人进行的。伴随着全球经济一体化的发展趋势,代理业务的范围日趋扩大,代理制度的使用越来越广泛,代理法的地位和作用有了明显的提高和加强。在世界范围内,先后出台了《商务代理合同起草指南》、《代理统一法公约》、《代理合同统一法公约》、《运输代理人公约》、《国际保付代理公约》、《国际货物销售代理公约》和《代理法律适用公约》等具有代表性的国际公约。

第一节　代理合同

代理是指代理人按照被代理人的授权,代表被代理人同第三人订立合同或为其他的法律行为,由此而产生的权利与义务直接对被代理人发生法律效力的行为。

国际商事代理是指代理人按照被代理人的授权或者法律规定,代表被代理人从事与第三人签订国际商事合同或为其他有法律意义的国际商事行为,由此产生的权利义务直接对被代理人发生法律效力的行为。

在代理合同中,主要涉及三方面的当事人,即被代理人、代理人和第三人。被代理人又称本人、委托人,是指委托他人为自己从事某种行为的人;代理人是指在代理权限内,以委托人名义且为委托人利益实施法律行为的人;第三人也称相对人,是指与代理人进行法律行为的人。

案例导入

上海进出口贸易公司(甲方)是一家专业进出口贸易公司,受上海工具制造有限公司(乙方)的委托,代理该公司手工工具活络扳手的出口业务,为此,双方签订了委托代理出口协议书。协议书规定:乙方委托甲方代理事项为对外签约,托运订舱,办理出口商检、报关,制单、结汇;甲方向乙方收取出口发票金额的 3‰ 的代理手续费和垫付的运费、办证费、商检费、报关费等费用;因不可抗力事件导致本协议书不能部分或全部履行的,当事方必须在事发一周内通知对方,并在 30 天内向对方送交有关机构的书面证明;双方在执行本协议书过程中如遇争议,应协商解决,如协商无效,任何一方都可向中国国际经济贸易仲裁委员会上海分会仲裁,或向甲方所在地人民法院提起诉讼。

根据代理法的理论,请思考下列问题:
1. 代理法律关系的构成如何?
2. 代理合同有哪些主要条款?
3. 商务代理有哪些主要类型?

一、代理合同的一般内容

代理合同是用以明确委托人和代理人之间权利和义务的法律文件,其内容由双方当事人按照契约自由的原则,根据双方的合意加以规定。

国际商事活动中的代理种类繁多,所以代理合同的具体内容也不尽相同,但就其一般共性而言,主要有以下四个方面:

1. 代理的商品和区域条款

代理的商品要明确、具体地规定其名称、品种、花色、规格等,代理的区域要表明代理权行使的地区范围。

2. 代理人的权利与义务条款

代理人的权利与义务主要包括:①明确代理人的权利范围,以及是否享有专营权;②代

44　第三章　国际商务代理制度

国际商务法律法规

理人应在代理权行使的范围内,保护委托人的合法权益,如:向外商催交付款或对外索赔等;③代理人应承担市场调研和广告宣传的义务。

3. 委托人的权利与义务条款

委托人的权利主要体现在对客户的订单有权接受,也有权拒绝。其义务是为代理人提供必要的、符合合同规定的商品,提供完整、准确的必备单据,按合同规定的条件向代理人支付佣金或报酬,如果代理合同没有约定佣金条款,则按交易惯例或习惯支付。

4. 不可抗力条款

主要规定不可抗力事件发生后通知当事人的时间,送交有关机构出具的不可抗力书面证明的时间和出证机构名称等内容。

5. 仲裁条款

主要规定双方发生争议后解决争议的方法,如:协商、仲裁或起诉等。如果采用仲裁方式,必须规定仲裁机构的名称。

除上述基本内容外,还可根据需要在合同中规定与国际商务有关的其他必要的条款。

代理出口合同实样

委托代理出口协议书

编号:20075612

甲方:上海进出口贸易公司 　　　　　　　　　　　乙方:上海工具制造有限公司
　　　上海市中山北路 1321 号 　　　　　　　　　　　　　上海市木行路 302 号
　　　TEL:(021) 65788877 　　　　　　　　　　　　　TEL:(021) 65781234
　　　FAX:(021) 65788876 　　　　　　　　　　　　　FAX:(021) 65781235

经双方友好协商,就乙方委托甲方代理出口的有关事项达成如下协议:

一、乙方委托甲方向乙方选定的客户FUJIYAMA TRADING CORPORATION 代理出口,具体内容如下:

1.1 品名规格:手工工具活络扳手 8×10 MM (MTM)、10×12 MM (MTM);

1.2 品质标准:参照样品 NG07 - 321;

1.3 数量:8×10 MM (MTM) 60000 件、10×12 MM (MTM) 80000 件;

1.4 单价:8×10 MM (MTM) 每件 0.50 美元、10×12 MM (MTM) 每件 0.60 美元、CPT OSAKA;

1.5 总金额:78000.00 美元;

1.6 支付方式:T/T;

1.7 包装:每 100 件装入一只出口纸箱;

1.8 装运地:上海;

1.9 目的地:大阪;

1.10 装运期限:2007 年 12 月 20 号;

1.11 装运方式:航空运输。

以上条款如有变动,以售货确认书及经双方认可的修改文件为准。

二、甲方接受乙方委托,以自己的名义代理以下事项:

2.1 对外签约;

2.2 托运订舱;

2.3 办理出口商检、报关；

2.4 制单、结汇；

2.5 涉外索赔、理赔。

三、交货要求：

3.1 乙方交货期限：2007 年 12 月 10 日（或凭甲方书面通知）；

3.2 交货地点：甲方指定地点；

3.3 交货方式：乙方送货并承担货物到达上述地点前的各项费用。

四、费用及结算：

4.1 甲方向乙方收取出口发票金额的3％作为代理手续费；

4.2 甲方在出口过程中垫付的费用(如：报关费、商检费、运费、办证费等)均由乙方承担，在收汇后从结汇人民币金额中扣除。

五、甲方权利和义务：

5.1 甲方根据本协议书的约定，与外商签订售货确认书；

5.2 甲方在签订售货确认书前应将售货确认书副本送交乙方，经乙方签字认可。乙方如有异议应于收到售货确认书副本后次日起三个工作日内书面向甲方提出，逾期视为无异议；

凡经乙方认可的售货确认书条款，乙方不得就由条款本身的缺陷引起的损失向甲方要求补偿；

5.3 甲方如对售货确认书作重大的实质性修改或变更，事先需经乙方书面确认；

5.4 甲方根据乙方提供的资料，按照合同规定编制托运单据，办理托运手续。事先商定凭甲方通知交货的，甲方应及时将交货时间、地点通知乙方；

5.5 甲方应按双方商定的方式及期限与乙方结算货款、代理手续费及代垫费用。部分代垫费用一时无法结算的，甲方可先按估计金额向乙方收取，事后按实际金额结算，多退少补；

5.6 甲方收汇后应根据乙方提供的增值税发票、税收专用缴款书等有关单据办理出口退税手续，退税所得金额由甲方划交乙方；

5.7 外商无故不履行部分或全部合同，或拖欠货款长期不付清，甲方应负责向外商催促履约付款，或与乙方商讨采取必要措施，为此发生的一切费用及后果由乙方承担；如客户由乙方指定，乙方已与客户商定解决办法，则依乙方与客户商定的办法处理；

5.8 本协议书签订后，由于非甲方的原因而未能签订售货确认书，甲方免除责任。售货确认书签订后，甲方应认真履行本协议书规定由其承担的义务，否则须赔偿乙方因此而造成的损失；

5.9 因外商违约导致本协议书不能部分或全部履行，甲方免除责任，但须及时代乙方对外索赔，并将索赔所得转给乙方，索赔所发生的费用由乙方承担。若因甲方过错未及时对外索赔，损失由甲方承担，若因乙方过错未及时对外索赔，损失由乙方自负。

六、乙方权利和义务：

6.1 乙方必须在本协议书规定的交货期前备妥委托甲方代理出口的商品，以书面形式通知甲方，并按甲方的要求将商品运到指定地点，送入指定仓库，承担相关的费用；

6.2 乙方提供的商品必须符合本协议书规定出口商品的品质标准，同时必须符合我国《知识产权法》有关规定，承担相应法律责任。如果由于乙方逾期交货或所交货物产生质量问题，或因知识产权纠纷而引起外商索赔，则由乙方负全部责任，乙方必须无条件接受索赔结果并支付赔偿金；

6.3 乙方在交货的同时必须提供完整、准确的交货单、装箱单、厂检证或换证凭单、出口包装证明等必备单据，并给予甲方合理的时间制作出口单证，安排托运。乙方需承担由于资料错误引起的后果；

6.4 乙方同意以T/T方式由甲方向外商收汇，在售货确认书中订明，如非甲方的过错，甲方不承担收汇的风险；

6.5 乙方应在交货后10天内向甲方提供增值税发票、税收专用缴款书等必备单据,供甲方办理退税手续,退税所得金额由甲方划交乙方;

6.6 当外商提出索赔时,甲方应及时向乙方转交外商提出的索赔函电复印件及有关证件,乙方收到后应及时弄清情况,通过甲方对外理赔,甲方应及时向乙方通报对外理赔情况。由于乙方的责任,未能及时对外理赔,乙方除承担对外商的一切经济、法律责任外,还应负责赔偿甲方所受到的一切损失;

6.7 发生对外理赔或索赔时,乙方应及时书面委托甲方处理,向甲方提供有效证据及预支有关费用(包括出国费用、律师费、仲裁或诉讼费等),并承担理赔、索赔后果及因乙方不作为(包括不委托、不付款等)导致的一切后果;

6.8 乙方违反本协议书时,应偿付甲方代垫的费用及利息,支付代理手续费及售货确认书总价10%的违约金,并承担甲方因此对外承担的责任。

七、因不可抗力事件导致本协议书不能部分或全部履行,当事方必须在事发一周内通知对方,并在30天内向对方送交有关机构的书面证明,及时协商处理未尽事宜,逾期视作违约。

八、双方在执行本协议书过程中如遇争议,应协商解决,如协商无效,任何一方都可向中国国际经济贸易仲裁委员会上海分会申请仲裁,或甲方所在地人民法院起诉。

九、本协议书正本一式两份,经双方签字盖章后生效。

上海进出口贸易公司 合同专用章	上海工具制造有限公司 合同专用章

甲方(盖章):卢珍　　　　　　　　　　　乙方(盖章):李江
日期:2007 年 9 月 8 日　　　　　　　　　日期:2007 年 9 月 8 日
地点:上海　　　　　　　　　　　　　　　地点:上海

知识链接

代理权产生的原因

1. 大陆法系

大陆法系将代理权产生的原因分为委托代理与法定代理。

① 委托代理又称意定代理,是指代理人根据被代理人的授权而取得代理权的代理。其可以是书面或口头形式,可向代理人作出,也可向与代理人交往的第三人作出,如:商务代理。

② 法定代理是指由于法律、法规的规定而产生的代理,如:父母对未成年的子女有代理权、法院选定的破产管理人、亲属所选任的监护人及遗产管理人等。

2. 英美法系

英美法系将代理权产生的原因分为明示代理、默示代理、客观必要的代理和追认代理。

① 明示代理指被代理人以明示的方式授权某人为代理人,不需要特定的形式。

② 默示代理是指被代理人虽然没有明确的意思表示,但是其言辞或行为,致使代理人或第三人相信代理人有权代表被代理人从事某种法律行为而产生的代理权。

③ 客观必要的代理是指代理人受被代理人的委托照管其财产,在特定的情况下,为了保护该财产而作出的超越被代理人授权范围的合理处置行为。

国际商务法律法规

④ 追认代理是指代理人未经授权或者超出授权范围而以被代理人的名义与第三人所为的法律行为经被代理人批准或承认,代理人由此获得了代理权,并具有溯及力。追认的法律后果就是使代理人的越权或无权的代理行为对被代理人产生法律上的拘束力。追认可以由被代理人口头或书面方式明示作出,也可以由被代理人的作为或不作为默示作出。

二、代理权的行使

代理是一种法律行为,通过代理人进行的行为必须能够产生法律上的权利和义务,所以"代理人未经许可无权委托他人代理"是代理内部关系中的一项基本原则。这一原则要求代理人亲自履行代理职责。

在代理权行使的过程中,必须严格按照规范行事,既不能超越代理权,也不能以任何借口不履行代理义务。其规范主要表现在三个方面:

1. 代理人在代理权限内作独立的意思表示

代理人在被代理人授权的权限范围内,根据实施代理行为时的客观情况,独立决定并按照自己的意志进行代理活动。一般而言,非独立进行意思表示的行为,如:传递信息就不被认为是代理行为,但在英美法系国家,某些传递信息的行为也可能被认定为代理行为。

2. 代理是以被代理人的名义进行的行为

代理制度的出现就是为了在被代理人与第三人之间设立、变更和终止权利、义务关系,所以,代理行为一般应当以被代理人的名义进行。代理人应当在被代理人的授权范围内,按照被代理人的合法指示完成代理任务。被代理人有义务为代理人履行合同提供便利。

3. 代理行为的法律后果直接归属于被代理人

代理人在被代理人的授权范围内所为的行为在法律上视为被代理人的行为,由此产生的权利、义务关系直接由被代理人承担,代理人一般对此不承担责任。但是,代理人对被代理人应当诚信、忠实,具体而言,主要包括以下几个方面:

① 代理人不得从事与被代理人的利益相冲突的行为。

② 代理人必须把代理过程中一切情况及时、坦率地通知被代理人,以供被代理人决策时参考。

③ 代理人不得利用其代理身份谋私利或接受贿赂。

④ 代理人在代理协议存续期间或在代理协议终止后一段合理的时间,不得将其所获知的被代理人的机密资料泄露给他人。同时,代理人有义务将其一切代理交易事项作成账目,并根据代理合同的规定以及被代理人的要求提示于被代理人。被代理人有义务让代理人检查核对其账目。并且,代理关系成立后,代理人在完成代理任务过程中应以诚实、勤勉的态度,尽自己所能履行职责。否则,代理人应为其造成的被代理人的损失承担赔偿责任。被代理人应当补偿代理人因履行代理职责而产生的费用和遭受的损失。

　　江苏国际船舶代理公司是韩国韩进海运有限公司的海运代理人,受江苏机械设备进出口集团公司委托出运一批机床,并代表承运人韩国韩进海运有限公司签发了提单。货物运抵目的港后,收货人发现货损,并经当地海事检验中心认定货损是由于没有固定货物的支架结构造成的,应由承运人负责。韩进海运有限公司在向收货人赔偿后,即向当地海事法院起诉,要求江苏国际船舶代理公司赔偿因其装运不当而遭受的损失。请分析,江苏国际船舶代理公司是否应负赔偿责任? 为什么?

三、代理权行使的方式

1. 直接代理和间接代理

直接代理是指代理人在代理授权的范围内,以被代理人的名义与第三人所为法律行为。在直接代理中,被代理人与第三人是法律行为的双方当事人,也即代理行为产生的法律后果直接归属于被代理人,被代理人直接对第三人负责。

间接代理是指代理人以自己的名义,但是为了被代理人的利益而与第三人所为法律行为。在间接代理中,代理人与第三人是法律行为的双方当事人,被代理人原则上与第三人之间没有直接的法律联系,代理行为产生的法律后果由代理人来承担。

在大陆法系国家,把直接代理人称为商业代理人,间接代理人称为行纪人。行纪人虽受被代理人的委托并为被代理人的利益而与第三人为法律行为,但是其与第三人为法律行为时是以自己的名义进行的,所以代理人与第三人才是法律行为的双方当事人,被代理人不得据此对第三人主张权利。

2. 显名代理、隐名代理和未披露代理

(1) 显名代理

显名代理是指公开被代理人姓名的代理,代理人在与第三人订立合同时不但公开被代理人的存在,而且公开被代理人的姓名。在显名代理中,被代理人与第三人是合同的双方当事人,被代理人对合同负责。代理人在签订合同后,即退居合同之外,与第三人不发生合同关系,但是,也存在两种除外情况:①如果代理人以自己的名义在签字蜡封式的合同上签字,此时代理人要对该合同承担责任;②如果代理人以自己的名义在汇票上签字,此时代理人要对该汇票承担责任。

(2) 隐名代理

隐名代理是指不公开被代理人姓名的代理,代理人在与第三人订立合同时,表明其是代理人,但没有指出被代理人的姓名。在隐名代理中,被代理人与第三人仍被认为是合同的双方当事人,被代理人对合同负责,代理人对合同不承担个人责任。

(3) 未披露代理

未披露代理是指代理人虽然得到被代理人的授权,但是其在与第三人签订合同时,既不公开被代理人存在的事实,也不表明自己的代理身份,直接以自己的名义与第三人签订合同。在未披露的代理中,代理人虽然事先得到了被代理人的授权,但是实际上代理人是以自己的名义与第三人订立合同,因此,代理人承担合同的权利、义务。根据英美法判例,在未披

露的代理中,被代理人可以通过两种方式直接进入合同:

第一,被代理人行使介入权。原则上,被代理人可以直接取得合同上的权利与义务,成为合同的一方当事人,既可以对第三人行使请求权,也可以在第三人违约时提起诉讼。

第二,第三人行使选择权。如果第三人发现了被代理人存在的事实后,即享有选择权。第三人可以选择被代理人或者代理人作为合同的一方当事人,以承担合同的义务;但是第三人一旦作出了选择,就不得再变更。

> **议题二**
>
> 哈雷公司是一家经济实力很强的大型仓储公司,为扩建仓库,欲购买地产商的一块土地,于是委托勃来格以自己的名义与地产商谈判、签订购买土地的协议。合同签订后,勃来格发现这块土地有利可图,拒绝将这块土地转交给哈雷公司。请分析,这是种什么代理关系? 勃来格的行为是否合法?

3. 无权代理的代理

无权代理是指欠缺代理权的人所作的代理行为。无权代理的代理主要有四种情况:根本未经授权的代理、超越代理权的代理、代理权终止后的代理和授权行为无效的代理。

大陆法系认为,无权代理有广义与狭义之分,即无权代理可以分为不发生被代理人责任的无权代理与发生被代理人责任的无权代理。广义的无权代理,也即表见代理。狭义的无权代理,是指行为人完全没有代理权而以他人名义实施法律行为,非经被代理人的追认,被代理人就不承担责任,而由无权代理人承担相应的法律责任。而在被代理人追认以前,其效力处于不确定状态,此时,有以下两种处理方法:

(1) 被代理人的追认权

被代理人对无权代理人的代理行为享有追认其效力的行为,追认既可以明示作出,也可以默示作出。被代理人未作出追认代理人的行为,不对其产生法律效力;但是一经追认,则被代理人要对代理行为承担法律上的后果,此时的无权代理行为即成为合法行为。

(2) 第三人的催告权与撤回权

为了保护第三人的利益,大陆法系国家为第三人设立了催告权与撤回权。所谓催告权,是指第三人可以自行规定一个合理的期限,催告被代理人明确承认或者否认无权代理行为,如果逾期未表态,则视为否认。所谓撤回权,是指在被代理人对无权代理行为进行追认之前,第三人有权撤回其与无权代理所为的行为。第三人可以通过行使催告权与撤回权使得无权代理的不确定状态得以确定。

英美法系国家将大陆法系国家的狭义无权代理称为违反代理权的默示担保。根据英美法的解释,当代理人与第三人订立合同时,代理人对第三人承担一项默示的担保,即保证其是有代理权的。因此,无权代理人如果伪称有代理权,或者超越代理权限行事,第三人可以对其提起诉讼,要求无权代理人承担损害赔偿责任。

2008 年 1 月 5 日,深圳实业公司业务员陈先生未经公司授权,以公司名义与大化储运公司签订了一份货物托运书,约定 2 月 25 日将用两个 40 英尺货柜装运的蜡笔从深圳运至意大利热那亚港。2 月 10 日大化储运公司接陈先生通知派车到深圳拖取货柜,但货柜未备妥,发生空车费 6200 元,陈先生承诺与海运费一并支付。2 月 25 日,货物装运完毕,陈先生支付了运费,但拒付大化储运公司垫付的空车费。为此,大化储运公司向海事法院提起诉讼,请求判令深圳实业公司付清拖欠的空车费。经查知,大化储运公司没有从事国际货物运输代理业务的资格。请分析该案当事人各自的责任。

4. 表见代理

　　表见代理是指行为人虽无代理权,但善意的第三人有充分理由相信行为人具有代理权,并与其为法律行为,该法律行为的后果应当直接由被代理人承担的代理。表见代理本质上也是一种无权代理,但是为了保护善意第三人的利益以及维护交易秩序的安全与便捷,大陆法系国家法律一般赋予表见代理行为法律效力。英美法系国家法律中与表见代理相类似的是"不容否认的代理"。表见代理的构成有以下两个要件:

　　第一,客观上存在使第三人有理由相信行为人拥有代理权的事实依据。例如:无权代理人与被代理人之间有特殊的身份关系以及无权代理人借用的合同章、盖章的空白合同书、业务介绍信等。

　　第二,第三人所为的行为善意且无过失。善意且无过失,是指第三人不知道与之交往的代理人实际上是无代理权的,而且对于这种不知情并非出于疏忽和懈怠所致。但是,第三人应当对善意且无过失的行为承担举证责任。

　　德菲尔是英国 ET 公司的业务主管,被无理解雇后假冒 ET 公司的名义从老客户 HE 公司处骗得货物后,逃之夭夭。HE 公司要求 ET 公司付款,ET 公司则以德菲尔假冒该公司名义签订合同为由拒绝付款。而 HE 公司坚持认为在与德菲尔订立合同时,并不知德菲尔已被 ET 公司解雇,也未收到关于 ET 公司已解雇德菲尔的任何通知,故 HE 公司是不知情的善意第三人,ET 公司仍应对德菲尔的行为负责,遂诉至法院。请分析,该案应如何处理? 为什么?

　　表见代理的产生,往往都是被代理人存在过错而导致。例如:①因公章或加盖有公章的空白合同、信函保管或使用不慎,被行为人借用、盗用,致使相对人相信行为人有代理权;②对代理人的代理权限未作限制,或者授权不明,在代理人超越代理权以被代理人的名义与相对人实施交易行为时,难以让相对人识别;③在终止了代理人的代理权后,没有或者未及时通知有关业务单位和有关人员,致使他们认为其代理人仍有代理权。

　　正因为表见代理大多与被代理人的过错有关,因此其法律后果由被代理人承担是公正、合理的。当然,如果被代理人由此蒙受损失,可以向实施表见代理的行为人追偿。

四、代理关系的终止

代理关系的终止指当事人之间已经实现代理合同规定的代理事务或者还未实现,但根据当事人的意思表示提前终止代理合同的执行。当然,在代理关系存续期间,如果当事人死亡或者丧失行为能力,其后果也必然是终止代理权。

1. 代理关系终止的情形

(1) 根据当事人的行为终止代理关系

① 代理期限届满或代理事项完成。代理人与被代理人在代理合同中订有期限的,则代理关系于合同规定的期限届满时终止;代理合同中没有期限约定的,也应当在合理的时间内终止。如果代理事项在期限内完成,可以提前终止代理关系。

② 被代理人与代理人单方面终止代理关系。各国法律原则上都允许被代理人单方面撤回代理权,也允许代理人单方面辞去代理权。但是为了保护双方的利益,无论是大陆法还是英美法,都对单方面撤回代理有一定的限制。大陆法系国家法律大多规定,如果被代理人或者代理人单方面终止合同,必须事先通知对方,否则应赔偿对对方造成的损失。根据英美法的判例,如代理权的授予与代理人的佣金以外的利益结合在一起时,被代理人就不能单方面撤回代理。例如:房主甲向乙借款 1 万美元,并因此授权乙作为甲的代理人去收取房租以偿还借款,此时,甲就不能单方面终止他们之间的代理关系。

(2) 根据相关法律的规定终止代理关系

① 被代理人死亡、破产或丧失行为能力。根据大陆法系国家民商法的规定,被代理人发生上述情况的,只是适用于民法上的代理权;而商法上的代理关系并不因上述情况而终止。

② 代理人死亡、破产或丧失行为能力。根据各国的法律,代理人发生死亡、破产或丧失行为能力的,无论是在民事上还是商事上,代理均因此而消灭。

2. 代理关系终止后的法律后果

代理关系终止后,将会在代理人与被代理人之间以及代理人、被代理人与第三人之间产生法律上的一定后果。一般有以下两个方面:

(1) 被代理人与代理人之间的法律后果

代理关系终止之后,代理人即不能再以被代理人的名义进行代理行为,否则,属于无权代理,按无权代理的法律规定处理。有些大陆法系国家为了保护商业代理人的利益,法律特别规定,在终止代理合同时,代理人对于他在代理期间为被代理人建立的商业信誉,有权要求被代理人予以补偿。这是因为代理合同终止后,这种商业信誉将为被代理人所享有,而代理人将因此失去一定的利益。

(2) 对第三人的法律后果

代理关系终止后,对于第三人是否产生法律上的后果,取决于第三人是否知情。如果代理关系终止时,被代理人及时通知第三人的,才对第三人产生法律上的后果。如果代理关系终止时,被代理人没有及时通知第三人,则对第三人不产生法律上的后果,被代理人仍然应当对代理人与第三人所为的行为承担法律后果,此时适用表见代理规则。但是,被代理人有权要求代理人赔偿损失。

议题五

德国商人彼得通过对汉堡市玩具市场销售情况的调查,建议慕尼黑F公司生产一种玩具,条件是要求作为F公司销售该玩具的独家代理人,F公司同意并签订了与彼得的独家代理合同。后来,F公司的这种玩具很热销,于是F公司干脆不经过代理人彼得,直接与汉堡当地的几家公司签订了订货合同,彼得于是向F公司索要佣金,F公司以其与几家公司签订的订货合同没有经过彼得的代理为由,拒绝支付佣金。请分析,该案应如何处理?为什么?

知识链接

《公约》关于代理关系终止的规定

① 当本人(即被代理人)与代理人之间达成协议终止时,代理关系终止;

② 当为之授权的一笔或数笔交易已经完成时,即代理事项完成时代理关系终止;

③ 无论是否符合其协议条款,当本人撤销代理权或代理人放弃代理权时,代理关系终止;

④ 代理人之权利亦根据适用法律的规定而终止。

第二节　代理的类型

案例导入

韩国大宇洁具株式会社为了扩大中国的市场份额,与上海方方洁具有限公司签订了代理合同。合同规定:韩国大宇洁具株式会社授予上海方方洁具有限公司在中国上海、江苏、浙江三个地区独家销售"大宇"牌卫生洁具的专营权;韩国大宇洁具株式会社以出厂价提供货物,每季度结算货款并按15%支付佣金,上海方方洁具有限公司销售额一年不得低于500万美元,否则减少佣金3%,如当年销售额达到500万美元以上,将按销售额的2%予以奖励;广告费和非商务性事务的费用由韩国大宇洁具株式会社承担;代理期限为10年。

根据代理法的理论,请思考下列问题:

1. 国际商务代理的一般分类有哪些?

2. 根据业务不同,国际商务代理有哪些主要类型?

一、国际商务代理的一般分类

1. 总代理和分代理

总代理和分代理属于间接代理,这是国际销售代理的常见分类。总代理是委托人在指定地区的全权代表,他有权代表委托人从事一般商务活动和某些非商务性的事务。总代理人根据总代理合同的约定取得在一定范围内的总代理权,总代理人有权代理从事国际销售活动,也有权委托其他代理人即分代理人进行相应的国际销售活动。总代理人和分代理人都是以自己的名义签订合同,进行国际销售活动的。

2. 独家代理和一般代理

独家代理是在指定地区和期限内单独代表委托人行事,从事代理协议中规定的有关业务的代理人。委托人在该地区内,不得委托其他代理人。在出口业务中采用独家代理的方式,委托人须给予代理人在特定地区和一定期限内代销指定商品的独家专营权。

一般代理又称佣金代理,是指在同一地区和期限内委托人可同时委派几个代理人代表委托人行为,代理人不享有独家专营权。代理合同不限制被代理人在同一时间、区域内委托其他代理人从事同样的商业活动。佣金代理完成授权范围内的事务后按协议规定的办法向委托人计收佣金。

> **议题六**
>
> 韩国大宇洁具株式会社与上海方方洁具有限公司签订的代理合同规定:韩国大宇洁具株式会社授予上海方方洁具有限公司在中国上海、江苏、浙江三个地区独家销售"大宇"牌卫生洁具的专营权;韩国大宇洁具株式会社以出厂价提供货物,每季度结算货款并按15%支付佣金,上海方方洁具有限公司销售额一年不得低于500万美元,否则减少佣金3%,如当年销售额达到500万美元以上,将按销售额的2%予以奖励;广告费和非商务性事务的费用由韩国大宇洁具株式会社承担;代理期限为10年。请分析,就该合同内容看,这是总代理还是独家代理?为什么?

3. 单独代理和共同代理

单独代理是由一个代理人单独行使代理权的代理。而共同代理是由两个以上代理人共同行使代理权的代理。

> **议题七**
>
> 新加坡国际教育中心为了扩大中国的市场份额,与上海环球教育咨询公司等三家单位签订了留学代理合同。与上海环球教育咨询公司签订的合同规定:新加坡国际教育中心授予上海环球教育咨询公司在中国上海以新加坡国际教育中心的名义招收各类赴新留学生的代理权,每季度结算款项并按其15%支付佣金;广告费和非商务性事务的费用由新加坡国际教育中心承担;代理期限为3年。请分析,就该合同内容看,这是独家代理还是一般代理?为什么?

此外,还有销售代理,是指代表出口商或制造商为其商品在国际市场上的销售提供服务的代理人。购货代理,又称采购代理,即代理人受进口人的委托,为其在国际市场上采购商品提供服务。船方代理是指承运人的代理人,包括外轮代理,为承运人承揽货载提供服务。

议题八

香港船务有限公司委托中国广州外轮代理公司全权代理该公司在广州地区船只办理出入境手续,双方为此签订了代理业务合同。根据合同的规定,广州外轮代理公司接受托运,签发提单,计收运费;代办出口报关,收取手续费和代理费等业务。香港船务有限公司安排货船,负责一切装船现场业务,提供出口货箱资料,并支付代理费。请分析,就该合同内容看,这是什么类型的代理?为什么?

二、按不同业务划分的国际商务代理主要类型

1. 国际货物运输代理

国际货物运输代理一般是以货主的受托人身份为货主办理有关货物的报关、交接、仓储、调拨、检验、包装、转运、订舱等项业务。国际货物运输代理既可以作为进出口货物收货人、发货人的代理人,又可以作为独立经营人从事国际货运代理业务。

随着现代国际运输中有关航线、航次、报关、接卸货等业务越来越专业化,委托方通常全权委托国际货运代理办理货物运输业务,包括受货主委托选择承运人、运输方式和路线,争取优惠运价,代货主办理进出口货物的托运、报关、报检、监装、装卸箱、仓储,提供咨询服务等等。在这种情况下,国际货运代理对于委托方所委托的事宜,有的利用自身拥有仓库、堆场、运输工具的便利条件,直接完成受托事务,而不与第三人发生任何法律关系;有的以委托方的名义与第三人订立合同来完成;有的则是以自己的名义与第三人订立合同来完成,而且这几种不同的方式有时交替采用。这样,国际货运代理就变成了具有代理人、代办人和独立经营人(仓储保管人、实际承运人或场站经营人)多重身份的混合经营人。于是,货代的法律地位随着参与经营范围的变化而有所不同,其权利义务与法律责任也会相应变动。所以,识别货代的法律地位及其责任对于货代业务中的当事各方均有重要影响。

实践中,判断货运代理到底是代理人还是当事人及其责任可以根据以下几个方面来考量:

(1) 国际货运代理以委托人名义行为时所处的法律地位及其责任

当国际货运代理在代理权限内,以委托人的名义与第三人实施民事法律行为时,国际货运代理的行为方式完全符合我国《民法通则》有关代理人的规定,因此,此种情况下国际货运代理的法律责任应按照我国《民法通则》的有关规定予以确定。

当国际货运代理在代理权限内,以委托人的名义与第三人实施民事法律行为时,国际货运代理在履行代理业务过程中对第三人产生的责任应由委托人负责,但是,法律规定的情况除外。例如:国际货运代理知道委托人委托办理的事项违法,但是为了自身利益,仍然进行代理活动,就要和委托人一起负连带责任。

在国际货运实践中,有些国际货运代理在接受委托后通常会以自己的名义选定他人实施本应由自己完成的全部或部分代理事宜,对此,除非紧急情况,国际货运代理应事先征得

委托人的同意,否则,应对自己转委托的行为承担法律责任。

至于国际货运代理的代理职责应依照如下原则确定:如果有法律明文规定的,则依法律规定;如果没有法律规定,则应依当事人双方的约定;如果双方没有明确的约定,则应根据当事人的履行过程、当事人双方以往交易过程或业务往来的过程以及行业惯例来判断。

(2) **国际货运代理以自己名义行为时所处的法律地位及其责任**

当国际货运代理以自己的名义同第三人发生关系时,国际货运代理的角色可能是代理人或独立经营人,所充当的角色不同,其法律地位和责任自然有所不同。

我国《合同法》第402条规定:"受托人以自己的名义,在委托人的授权范围内与第三人订立的合同,第三人在订立合同时知道受托人与委托人之间的代理关系的,该合同直接约束委托人和第三人,但有确切证据证明该合同只约束受托人和第三人的除外。"根据此规定,如第三人在订立合同时知道货主和货运代理之间的代理关系的,货运代理将不承担合同项下的责任。

国际货运代理因委托人的原因对第三人履行义务的,应当向第三人披露委托人,第三人因此可以选择国际货运代理或者委托人作为相对人主张其权利,但第三人不得变更选定的相对人。委托人行使国际货运代理对第三人权利的,第三人可以向委托人主张其对国际货运代理的抗辩。第三人选定委托人作为相对人的,委托人可以向第三人主张其对国际货运代理的抗辩以及国际货运代理对第三人的抗辩。例如:当货主不能如约支付运费,则实际承运人可以选择货主或者货运代理要求支付运费。当第三人选择货主主张权利时,则货运代理处于代理人的法律地位。

第三人不知道国际货运代理与委托人之间的代理关系,国际货运代理因第三人的原因对委托人不履行义务的,国际货运代理应当向委托人披露第三人,委托人因此可以行使国际货运代理对第三人的权利,但第三人与国际货运代理订立合同时如果知道该委托人就不会订立合同的除外。例如:在货运代理实践中,当实际承运人不能按时派船装货,货主可以取代货运代理直接要求实际承运人履行原由货运代理与实际承运人之间签定的合同。

(3) **国际货运代理直接完成委托人委托事宜的法律地位及其责任**

国际货运代理直接完成委托人的委托事宜,是指国际货运代理接受委托后,利用自己或不具备法人资格的关联公司所拥有的仓库、堆场、运输工具来直接完成委托人委托的事务。于是,国际货运代理实际上已成为相应的仓储保管人、承运人和场站经营人,对此应享有有关仓储保管人、承运人或场站经营人的权利,并承担义务。如果在进行仓储、运输、拆装箱等业务的同时,还代办报关、报检、订舱等业务,则国际货运代理具有代理人和独立经营人(仓储保管人、实际承运人或场站经营人)的双重身份;如果仅是代办与仓储保管、运输或场站经营有关联的少量事务,比如:缮制、审核、签发单证等,则这种行为只不过是一种事实上的代办行为,相应的国际货运代理成了委托人的代办人,而不是代理人。

✏️ **议题九**

上海进出口贸易公司向英国伦敦出运一批货物,委托上海经发货运代理公司全权办理,为此双方签订了代理合同。根据合同的规定,上海经发货运代理公司代理订舱,出口报检与报关,签发提单,计收运费、手续费和代理费。请分析,就该合同内容看,这是哪种货运代理呢?为什么?

2. 国际货物运输保险代理

(1) 国际货物运输保险代理的类型

国际货物运输保险代理通常有以下三种类型：

① 作为保险人的代理，即保险代理人。保险代理人是指根据保险人的委托，向保险人收取手续费，在保险人授权的范围内办理保险业务的单位和个人。保险代理人的主要特点是代表保险人的利益，以保险人的名义开展保险业务活动，为保险人进行保险宣传，办理投保及理赔手续。保险代理人与保险人之间是代理和被代理的关系，其在授权范围内行为的法律后果均由保险人承担。

② 作为被保险人的代理，即保险经纪人。保险经纪人是为被保险人代办投保业务手续的服务。

③ 作为保险公估人。保险公估人专门提供保险业务的咨询、风险管理、价值评估、损失鉴定等专业性服务，以帮助达成保险业务、辅助保险合同的履行，是保险市场的重要组成部分。

保险代理人与保险经纪人、保险公估人并列为保险中介的三大主要形式。在现代保险市场上，保险代理人已成为世界各国保险企业开发保险业务的主要形式和途径之一，在保险市场上发挥着巨大的作用。

根据我国《保险法》和《保险代理人管理规定（试行）》，从事保险代理业务必须持有国家保险监管机关颁发的《保险代理人资格证书》，并与保险公司签订代理合同，获得《保险代理人展业证书》后，方可从事保险代理活动。国家对上述三类不同的保险代理人都分别规定了其各自应具备的条件。

(2) 国际货物运输保险代理人的行为规范化

保险代理人只能为经保险监管机关批准设立的保险公司代理保险业务，不得有下列行为：

① 擅自变更保险条款，提高或降低保险费率；

② 串通投保人、被保险人或受益人欺骗保险公司；

③ 代理再保险业务；

④ 以代理人名义签发保险单；

⑤ 挪用或侵占保险费；

⑥ 向投保人收取保险费以外的额外费用，如：咨询费等；

⑦ 兼做保险经纪业务。

议题十

江苏贸易公司向东京出运一批食品，委托江苏大凡货运代理公司全权代理订舱、出口报检、报关和保险，由其签发提单，计收运费、保险费和代理费。请分析，这是保险代理还是货运代理？为什么？

---

3. 外贸代理

(1) 外贸代理的类型

外贸代理有两种不同情况：一是拥有外贸经营权的企业之间的代理。代理人以被代理人(委托人)的名义对外签订进出口合同,或代理人以自己的名义对外签订进出口合同;二是拥有外贸经营权的企业受不具有外贸经营权的企业的委托,以自己的名义对外签订进出口合同。在国际外贸代理法律关系中,主要涉及三方面的当事人:委托人、受托人和第三人。委托人又称本人或被代理人;受托人又称代理人,是指在代理权限内,以受托人或委托人名义为委托人利益实施法律行为的人;第三人也称相对人,是指与受托人发生法律行为的人。

(2) **外贸代理委托人的权利和义务**

① 委托人应依国家有关法律、法规之规定,办理委托进口或出口商品的有关报批手续。委托人应及时向受托人详细说明委托进口或出口商品的有关情况。

② 经受托人同意,委托人可参加对外谈判,但不得自行对外询价或进行商务谈判,不得自行就合同条款对外作任何形式的承诺,凡经委托人同意的进口或出口合同条款,委托人不得就由于条款本身的缺陷引起的损失向受托人要求补偿。

③ 委托人不得自行与外商变更或修改进出口合同。委托人与外商擅自达成的补充或修改进出口合同的协议无效。

④ 委托人须按委托协议和进出口合同的规定履行义务,包括及时向受托人提供进口所需要的资金或委托出口的商品。

⑤ 因委托人不按委托协议履行其义务导致进出口合同不能履行、不能完全履行、迟延履行或履行不符合约定条件的,委托人应偿付受托人为其垫付的费用、税金及利息,支付约定的手续费和违约金,并承担受托人因此对外承担的一切责任。

⑥ 委托人因不可抗力事件不能履行全部或部分委托协议的,免除其对受托人的全部或部分责任,但委托人应及时通知受托人并在合理期间内提供有关机构出具的证明,以便受托人与外商交涉,免除受托人对外商的责任。如果受托人不能因此免除对外商责任,受托人对外承担的责任由委托人承担。

⑦ 委托人有义务按照委托协议的规定,向受托人支付约定的手续费,并偿付受托人为其垫付的费用、税金及利息。委托人支付的进出口手续费以合同总价为计算基数,乘以约定的手续费率。

⑧ 对于出口商品的销售货款,委托人收取人民币还是外汇,由委托人与受托人在委托协议中协商确定。

(3) **外贸代理受托人的权利和义务**

① 受托人根据委托协议以自己的名义与外商签订进出口合同,应及时将合同的副本送交委托人,委托人与外商修改或变更进出口合同时不得违背委托协议。受托人对外商承担合同义务,享有合同权利。

② 受托人在遵照委托人的委托办理委托事宜时,必须服从国家法律、法规和其他外贸管理制度的规定。

③ 受托人应向委托人提供受托商品的国际市场行情,并应及时报告对外开展业务的进度及履行受托人义务的情况。

④ 受托人有义务办理履行进出口合同所需的各种手续。

⑤ 因受托人不按委托协议履行其义务导致进出口合同不能履行、不能完全履行、迟延履行或履行不符合约定条件的,受托人应赔偿委托人因此而受到的损失,并自行承担一切对外责任。

⑥ 受托人因不可抗力事件不能履行全部或部分委托协议的,免除其全部或部分受托责任,但应及时通知委托人和外商,并应在合理期限内提供有关机构出具的证明。

⑦ 如外商因不可抗力事件不能履行、不能完全履行、迟延履行或履行不符合进出口合同的规定的,受托人应免除对委托人的责任,但应取得有关机构证明并及时通知委托人。

第四章　国际商务活动中的票据结算制度——票据法

票据是以支付金钱为目的,由出票人签名,约定自己或另一个人无条件支付确定金额的可流通转让的有价证券。在国际商务活动中,用于结算的票据主要有汇票、本票和支票,其中汇票使用较多,具有重要的作用,故本章仅对汇票的法律制度予以介绍。

票据法是规定票据制度、调整票据活动产生的各种社会关系的法律规范的总称。它包括两方面的内容:第一,基于票据行为而发生的票据当事人之间的票据权利和义务关系;第二,为了保证票据的正常流通,作出特别规定,从而产生的相应的社会关系。

第一节　汇票记载要项与当事人

汇票是指出票人签发的,委托付款人在见票时或者在指定日期无条件支付确定的金额给收款人或者持票人的票据。

 **案例导入**

新加坡水产贸易公司与上海达唯进出口公司签订了冻黄花鱼销售合同,采用即期信用证支付方式。新加坡水产贸易公司按合同规定发货后,于 2007 年 5 月 10 日开出汇票,由新加坡工商银行收付。中国银行上海分行收到新加坡工商银行寄送的全套议付单据后,向上海达唯进出口公司发出《进口代收来单通知书》,通知书称:"兹附上新加坡工商银行寄来的单据,汇票金额 258692 美元……请立即复核单据,并于 2007 年 5 月 25 日之前正式书面通知我行是否同意付款或承兑。如到期未答复,视为贵司同意付款或承兑,我行将对外办理付款或承兑,对你司不负任何责任。书面通知我行之前,请妥善保管好单据。若拒付,应退回全部单据,否则,将丧失拒付权。"当日,上海达唯进出口公司业务经理在该通知书上签收人及单位盖章处签名并加盖了公章,并在汇票背面注明"同意承兑付款,日期为 2007 年 5 月 20 日"字样。然后,取得全部单据,办理进口报检与报关手续,并提取货物。

根据《票据法》的有关理论,请思考下列问题:

1. 汇票内容的法定记载事项与非法定记载事项各有哪些?
2. 汇票有哪些主要种类?
3. 汇票的当事人主要有哪些?
4. 对汇票当事人的权利与义务有哪些规定?

一、汇票的记载事项

1. 法定记载事项

汇票是要式证券,出票人必须按规定记载法定内容,如果法定内容记载不全,则该汇票无效。具体规定如下:

（1）标明"汇票"字样

在国际商务中,汇票上用英文单词 Bill of Exchange 或 Draft 或 Bill 标明,以区别于其他证券。

（2）无条件支付的委托

汇票付款的委托不得附有任何条件,因为汇票是出票人委托付款人给收款人金钱的无条件支付命令书。如果汇票上附有其他条件,如:"卖方须于交付符合合同规定的货物后,支付其金额 10000 美元",则该汇票无效。

（3）确定的金额

汇票票面所记载的金额必须确定,并用文字大写和数字小写分别表明,两者必须一致,否则票据无效。

（4）付款人名称

付款人一般为出票人以外的第三人，通常是进口商或其指定的银行，其名称和地址应详细书写在"To"后。

（5）收款人名称

收款人又称汇票的抬头，是受领汇票金额的人，通常是出口商或其指定的银行。

（6）出票日期

出票日期为签发汇票的具体时间，决定汇票的有效起算日和出票后定期付款的到期日。

（7）出票人签字

由出票人在汇票上签字，该汇票生效。

2. 非法定记载事项

非法定记载事项如果未在汇票上记载，并不影响汇票本身的效力，可依法律规定推定。其主要内容如下：

（1）付款日期

汇票上应记载付款日期，未记载付款日期的，视为见票即付。

（2）付款地

汇票上应记载付款地，未记载付款地的，付款人的营业场所、住所或者经常居住地为付款地。

（3）出票地

汇票上应记载出票地，未记载出票地的，以出票人的营业场所、住所地或经常居住地为出票地。

此外，汇票还可以记载一些票据法允许的其他内容，如：汇票编号、付一不付二和出票条款等。

汇票实样

BILL OF EXCHANGE

凭
Drawn under _____

不可撤销信用证
Irrevocable L/C No. _____

日期
Date _____ 支取 Payable with interest @ _____ % _____ 按 _____ 息 _____ 付款

号码　　　　　　汇票金额　　　　　　　　苏州
No. _____　Exchange for _____　Suzhou _____

见票 _____ 日后(本汇票之副本未付)付交
AT _____ sight of this **FIRST** of Exchange (Second of Exchange being unpaid)

Pay to the order of _____

金额
the sum of _____

款已收讫
Value received _____

此致
To _____　_____

国际商务法律法规

汇 票 种 类

1. 银行汇票和商业汇票

按出票人不同,汇票可分为银行汇票和商业汇票。银行汇票指一家银行向另一家银行开出的汇票;商业汇票指出票人是工商企业或个人,付款人是企业或个人或银行的汇票。

2. 即期汇票和远期汇票

依据付款时间不同,汇票可分为即期汇票和远期汇票。即期汇票指在提示付款或见票时,应立即付款的汇票;远期汇票指在一定期限或特定日期内须付款的汇票,其规定办法有见票后若干天付款、出票后若干天付款、提单签发日后若干天付款和指定日期付款四种形式。

3. 商业承兑汇票和银行汇票

从承兑人角度出发,汇票可分为商业承兑汇票和银行汇票。商业承兑汇票是由工商企业或个人承兑的远期汇票,是以商业信用为基础的;银行承兑汇票是由银行承兑的远期汇票,是以银行信用为基础的。

4. 光票汇票和跟单汇票

按是否附有运输单据,汇票可分为光票汇票和跟单汇票。光票汇票是指出具的汇票不附有运输单据;跟单汇票是指随附运输单据的汇票。国际贸易的货款结算通常为跟单汇票。

二、汇票的当事人

当事人的称谓与票据行为有关,完成不同的票据行为产生不同的当事人。不同票据关系的当事人,在进行票据行为过程中,所享有的权利、承担的义务是不相同的。票据的关系人有:出票人、付款人、收款人、承兑人、参加承兑人、背书人、持票人、善意持票人和保证人。

1. 出票人

出票人是依法定方式做成票据并在票据上签名、盖章,将票据交付给收款人的人。

> **议题一**
>
> 新加坡水产贸易公司与上海达唯进出口公司签订了冻黄花鱼销售合同,采用即期信用证支付方式。新加坡水产贸易公司按合同规定发货后,于 2007 年 5 月 10 日开出汇票,由新加坡工商银行收款。请分析,该汇票的出票人是谁? 为什么?

2. 收款人

收款人又称"抬头人",是指票据到期有权收取票款的人,是票据的主债权人,有时又是票据的持票人。

议题二

　　新加坡水产贸易公司与上海达唯进出口公司签订了冻黄花鱼销售合同,并按合同规定发货。在向上海达唯进出口公司开出的汇票中,由新加坡工商银行收款。请分析,该汇票的收款人是谁?为什么?

3. 付款人

　　付款人是根据出票人的命令支付票款的人,是票据的主债务人。

议题三

　　新加坡水产贸易公司按合同规定向上海达唯进出口公司发出冻黄花鱼后开出汇票。汇票及议付单据由新加坡工商银行向中国银行上海分行寄送,再由中国银行上海分行将其转交上海达唯进出口公司。上海达唯进出口公司业务经理在审单无误后,在汇票背面签注同意承兑付款。请分析,该汇票的付款人是谁?为什么?

4. 承兑人

　　承兑人是汇票的主债务人。承兑是汇票独有的行为,对于不同种类的承兑汇票,承兑人的权利、义务及责任是不相同的。

议题四

　　新加坡水产贸易公司与上海达唯进出口公司签订了冻黄花鱼销售合同,采用即期信用证支付方式。新加坡水产贸易公司按合同规定发货后,于 2007 年 5 月 10 日开出汇票,由新加坡工商银行收款。请分析,该汇票需要承兑人吗?为什么?

5. 背书人

　　票据的收款人或持有人转让票据时,在票据的背面或粘单上签字盖章的,称为背书人。被记名受让票据或接受票据转让的人,则称为被背书人。

议题五

　　日本山田商社与江苏出口公司签订了一份 MP3 销售合同,采用远期信用证支付方式。日本山田商社按合同规定向江苏出口公司发货后,开出见票后 90 天付款的远期汇票并随附全套议付单据委托富士银行向中国银行江苏分行寄送,再由其转交江苏出口公司进行审单承兑。该汇票承兑后,日本山田商社因业务需要,在该汇票上签章转让给上海进出口贸易公司。请分析,该汇票的背书人与被背书人各是谁?为什么?

三、汇票当事人的权利与义务

1. 汇票当事人的权利

（1）持票人的权利

① 转让权。持票人在汇票到期前，可以经背书后将该汇票转让给受让人。

② 付款请求权。汇票到期后，持票人经提示，可向承兑人或付款人请求付款。

③ 追索权。持票人作提示后，如果遭拒付，可以向在该汇票上签过字的任何人行使追索权。

（2）付款人的权利

付款人的权利是对不符合法定要求的汇票，具有拒绝付款的权利。

议题六

美商 WETG 公司与上海出口公司签订了一份玩具销售合同，采用即期信用证支付方式。WETG 公司按合同规定发货后，开出即期汇票并随附全套议付单据委托 AAA 银行向中国银行上海分行寄送，再由其转交上海出口公司进行审单。上海出口公司在审单时发现汇票金额大小写不一致，于是拒绝付款。请分析，上海出口公司的拒付合理吗？为什么？

（3）承兑人的权利

承兑人的权利是在承兑或付款前有权要求持票人依法作承兑或付款提示，如果持票人的提示不合法，有权拒绝。

议题七

法国美令公司与浙江贸易公司签订了一份礼品销售合同，采用远期信用证支付方式。法国美令公司按合同规定发货后，于 2008 年 6 月 1 日开出见票后 30 天付款的远期汇票。由于业务员的工作疏忽，在 2008 年 6 月 30 日才将全套议付单据委托巴黎银行向中国银行宁波分行寄送，再由其转交浙江贸易公司进行审单。对此，浙江贸易公司拒绝承兑。请分析，浙江贸易公司拒绝承兑合理吗？为什么？

---

2. 汇票当事人的义务

（1）持票人的义务

① 在汇票到期前，应按时提示，否则可能遭拒付，其责任由自己承担；

② 在依法提示遭拒付后，有依法作成拒绝证书或取得拒绝证明的义务；

③ 行使追索权时，有通知债务人的义务。

（2）付款人的义务

在没有承兑人或由自己承兑的情况下，须到期承担无条件付款的义务。

（3）承兑人的义务

汇票承兑人负有无条件付款的义务，如果汇票到期无款可付或不足，则构成对出票人的违约，应承担违约责任，并应继续履行付款义务。

（4）出票人的义务

银行汇票的出票人为付款人，汇票一经签发、交付，就成为该汇票的最后责任者，承担对所有后手付款的义务。

 议题八

山东贸易公司与新加坡西西公司签订了一份花生销售合同，采用票汇支付方式。山东贸易公司按合同规定发货后，新加坡西西公司向中国银行新加坡分行购买银行汇票，并直接寄给山东贸易公司。请分析，该汇票的出票人和付款人各是谁？为什么？

第二节　汇票的票据行为

票据行为是指票据关系当事人为完成票据的目的，设立、变更、终止票据权利和票据义务的合法行为。票据行为有四层内涵：一是在票据当事人之间所进行的一种行为；二是当事人为了完成票据目的而实施的一种行为；三是当事人为了设立、变更或终止票据权利和票据义务的一种行为；四是属于法律的行为。

 案例导入

安徽进出口公司与日本东京公司签订了一份茶叶销售合同，采用远期信用证结算方式。安徽进出口公司按合同规定发货后，于 2008 年 7 月 20 日开出见票后 30 天付款的远期汇票并随附全套议付单据，向富士银行提示承兑，富士银行审单无误后对该汇票进行了承兑。由于安徽进出口公司业务的需要，在汇票的背面签章将其转让给日本樱花商社。到了汇票付款期，由于富士银行经营不善宣布破产，于是日本樱花商社向当地的银行公会获取拒付文件，并直接对安徽进出口公司行使追索权，要求其付款。

根据《票据法》的有关理论，请思考下列问题：

1. 汇票的票据行为有哪些主要环节？
2. 出票由哪些行为构成？
3. 提示的内容及其规定如何？
4. 背书的法律效果何在？
5. 追索的对象及行使追索权的法律依据有哪些？

一、汇票的票据行为

不同种类的票据，有不同的流通程序和方式，其行为主要包括以下几种：

1. 出票

出票是指出票人签发汇票并将其交付给收款人的行为。出票是创立票据的基本行为，因为票据上的权利和义务都因开出票据而产生。出票由两个行为组成：一是出票人填制汇票并签字，未签字汇票则无效；二是将汇票交付给收款人，如果仅仅为开票而开票，没有交付行为，不能算完成出票行为。

> **议题九**
>
> 　　香港兴隆公司因欠南通光明制衣公司货款而开出汇票。票面记载：编号为V00276，出票日期为2008年5月8日，出票人为香港兴隆公司，收款人为南通光明制衣公司，付款人为中国银行香港分行，金额为50万港币，且载明"不得转让"字样。请分析，该出票行为能否成立？为什么？

2. 提示

提示是指出票人或持票人将汇票提交付款人要求承兑或付款的行为。

（1）提示承兑

承兑是指汇票付款人承诺其付款的委托，负担票面金额支付义务而在票据上作出意思表示的行为。汇票如果是远期的，付款人见票后先办理承兑手续，在汇票正面写上"承兑"字样，注明承兑日期，并由付款人签字后交还持票人，待汇票到期时付款。付款人经承诺兑付之后，称为承兑人。在出票之初，付款人对于汇票的金额不负任何义务，必须在汇票上作出承兑后，才是汇票的主债务人。此时，出票人则处于汇票的次债务人地位。

> **议题十**
>
> 　　安徽进出口公司与日本东京公司签订了一份茶叶销售合同，采用远期信用证结算方式。安徽进出口公司按合同规定发货后，于2008年7月20日开出见票后30天付款的远期汇票并随附全套议付单据向富士银行提示承兑，富士银行审单无误后对该汇票进行了承兑。汇票到了付款期，由于日本东京公司经营不善宣布破产，于是富士银行拒绝对该汇票进行付款。请分析，富士银行拒绝付款合理吗？为什么？

（2）提示付款

汇票签发以后，出票人或持票人可以通过提示要求付款人付款。如是即期汇票，付款人见票后应立即付款。

远期汇票的提示承兑和即期汇票的提示付款，均应在法定期限内实施。对此，我国《票据法》作了具体规定：

① 即期和见票后定期付款汇票自出票日后一个月提示付款。

② 定日付款或出票后定期付款汇票应在到期日前向付款人提示付款。

③ 已经承兑的远期汇票的提示付款期限为自到期日起十日内。付款人自收到提示承兑汇票之日起三日内，须作出无条件承兑或拒绝承兑。

浙江嵊泗水产贸易公司与日本中村商社签订了一份冻虾销售合同,采用远期信用证结算方式。嵊泗水产贸易公司按合同规定发货后,于2008年5月31日开出见票后30天付款的远期汇票并随附全套议付单据向富士银行提示承兑。由于中村商社经营不善,即将面临破产,富士银行对该汇票予以回避。请分析,富士银行回避承兑的行为合理吗?为什么?

3. 背书

票据流通的基础是票据转让。票据转让是票据制度的核心,票据的作用只有通过转让才能充分表现。票据转让的方式有背书交付和单纯交付。背书是转让汇票权利的一种法定手续,是由持票人在汇票背面签上自己姓名,或加上受让人的姓名,注明背书日期并把汇票交给受让人的行为。票据法一般不限制背书的次数,汇票经背书后,受款权利转让于被背书人。背书可以连续进行:

当事人	甲	乙	丙	丁
第一次背书	背书人	被背书人		
第二次背书		背书人	被背书人	
第三次背书			背书人	被背书人

背书必须在汇票或其粘单上作成,由背书人签名。至于应该记在正面还是反面,各国法律有不同规定。英国和美国都未规定在背面记载(除了空白背书)。背书是单方法律行为,所以被背书人不必签名。

背书有限制性背书、指示性背书和空白背书之分。①限制性背书指背书人在汇票背面注明被背书人时,加上限制性条件。如:"仅付上海进出口贸易公司"、"付给中国银行,不可转让"。凡做成限制性背书的汇票,只能由指定的被背书人凭票取款,被背书人无权再继续转让汇票。②指示性背书又称"记名背书",是指背书人在汇票背面注明被背书人的全称后签字,被背书人可以再继续转让汇票。③空白背书又称"不记名背书",是指背书人只在汇票背面签字,而不注明被背书人的名称。空白背书的汇票仅凭交付即可完成转让,因此出于票据使用的安全性,我国《票据法》规定汇票不允许做空白背书,这和西方票据法不同。

4. 付款

付款是指付款人向持票人支付汇票金额的行为。即期汇票为提示即付,远期汇票应于到期日付款。收款人在获款后,应在汇票上签收,汇票退还给付款人作为收据存查。汇票一经付款,汇票上的一切债权债务即告终结。

远期汇票付款时间的计算

远期汇票付款时间的计算采用算尾不算头的方式。比如：见票日为 6 月 15 日，付款期限为见票日后 30 天，则应从 6 月 16 日起算 30 天，到期付款日为 7 月 15 日。如以月为单位计算付款期限的，则不考虑每月的具体天数，都以相应月份的同一天为到期日。比如：见票后一个月付款，见票日为 6 月 15 日，则到期付款日应为 7 月 15 日。如无对应日期，则以该月最后一天代替。如到期日恰逢周末或节假日，则顺延至下一个银行工作日。

5. 追索

追索是指当汇票被拒付（包括拒绝承兑和拒绝付款）时，持票人可以向其直接前手进行追索，也可以自由选择追索对象，向前手中的一人、数人或全体行使追索权，请求其偿还汇票金额及因其拖欠而产生的利息和因追索所产生的一切费用。前手是指持票人以前所有的背书人，包括出票人。按国际通行规则，持票人进行追索时，应将拒付事实书面通知其前手，并提供拒绝证书。所谓拒绝证书，是指由付款地的法定公证人或其他依法有权作这种证书的机构（如：法院、银行和公会等）所作的证明付款人拒付的文件，是持票人凭以行使追索权的法律依据。

议题十二

温州制鞋贸易公司向澳大利亚 ERTG 公司出口一批童鞋，采用远期付款交单托收结算方式。温州制鞋贸易公司根据合同规定发货后，备齐全套结算单据委托澳大利亚 ABC 银行代收货款。当 ABC 银行向 ERTG 公司提示承兑汇票时，遭到拒绝。为此，温州制鞋贸易公司向澳大利亚 ERTG 公司发出汇票债务追索通知。请分析，该追索有法律效力吗？为什么？

汇票的拒付与追索

汇票被拒绝承兑，承兑人或付款人死亡、逃匿的，承兑人或者付款人被依法宣告破产或者因违法被责令终止业务活动的，持票人可以行使追索权。行使追索权的程序如下：

① 取得拒绝证明、退票理由书或其他合法证明。拒绝证明是国家授权的机关制作的，用以证明持票人已依法行使票据权利而被拒绝，或者无法行使票据权利的一种公证书。持票人提示承兑或者提示付款被拒绝的，承兑人或付款人必须出具拒绝证明，或者出具退票理由书，否则应承担由此产生的民事责任。

② 发出追索通知。这是指持票人为向其前手行使追索权，而事先将票据不获承兑，或者不获付款的实际情况告知其前手的行为。

③ 持票人应当自收到被拒绝承兑或者被拒绝付款的有关证明之日起三日内，

将被拒绝事由书面通知其前手；其前手应当自收到通知之日起三日内书面通知其再前手。持票人也可以同时向各票据债务人发出书面通知。在规定的期限内，将通知按照法定地址或者约定的地址邮寄的，视为已经发出通知。未按照规定期限通知的，持票人仍可以行使追索权。因延期通知给其前手或者出票人造成损失的，由没有按照规定期限通知的票据当事人承担该损失的赔偿责任，但所赔偿的金额以票据金额为限。

二、票据贴现和再贴现

1. 票据贴现

符合条件的商业汇票的持票人可持未到期的商业汇票向银行申请贴现。

票据贴现是银行信用的一种形式，指持票人将持有的未到期承兑汇票经过背书转让给商业银行并贴付利息，银行按票面金额扣除贴现利息后将余额支付给持票人的票据行为。票据贴现的实质是票据买卖行为。申请贴现的票据主要是商业汇票，而且必须先要求付款单位作出承兑，然后记名背书给贴现银行。当持票人不需要承兑汇票的全部资金或商业银行从资金安全性考虑只同意给予部分资金融通时，可以进行部分贴现。通过贴现，持票人得到低于票面金额的资金，贴现银行及其他金融机构获得票据的所有权。

2. 票据再贴现

再贴现是商业银行及其他金融机构将买入的未到期的贴现票据向中央银行办理的再次贴现。贴现银行办理贴现后需要资金，可持未到期的承兑汇票向其他银行转贴现；在中央银行开立账户的贴现银行可向中央银行申请再贴现。从形式上看，再贴现与贴现并无区别，都是一种票据和信用相结合的融资方式，但从职能上看，再贴现是中央银行执行货币政策的重要手段之一。在再贴现过程中，中央银行根据执行货币政策的需要，买进商业银行持有的未到期票据，让渡现实货币；商业银行则为解决资金短缺而出让已贴现票据。所以，再贴现是商业银行及其他金融机构与中央银行之间的票据买卖和资金让渡的过程，是商业银行和其他金融机构向中央银行融通资金的重要方式。

贴现、转贴现和再贴现的期限一律从其贴现之日起至汇票到期日止。实付贴现金额按票面金额扣除贴现日至汇票到期前一天的利息计算。

三、票据的制假

1. 伪造票据

伪造票据是指假借他人名义出票或假借他人名义在票据上签名的行为，如：票据上伪刻他人印章或盗用他人印章。伪造票据产生的后果是：

① 被伪造人因没有真正在票据上签名而不负票据上的责任；

② 伪造者除负刑法规定的伪造有价证券的刑事责任和民事赔偿责任外也不负票据上的责任；

③ 票据发生伪造后，不影响其真实签名的效力，即在被伪造的票据上确有真正签名或盖章的人，仍应对票据的文义负责。

2. 变造票据

变造票据是指未经授权或无权变更票据内容的人，擅自变更票据上依法记载的有效要

国际商务法律法规

件的行为。票据发生变造后,将对票据当事人的权利、义务发生影响:即各票据关系人按其在票据上签名的时间确定责任,签名在变造之前的按变造前的票据的文义负责,在变造后签名的,按变造后的票据文义负责。

议题十三

孙胜勇得知成都一家公司急需资金,于是,他找到徐卫民商量,共谋用伪造的银行承兑汇票进行诈骗。此后,孙胜勇找到这家公司的负责人赵某,谎称可以帮他贷款。孙胜勇与对方约定,按借款金额收取5%～8%的利息。随后,徐卫民开始在外地制作伪造的承兑汇票。他首先查找到真实汇票的一系列资料,然后按照资料,找人仿制承兑汇票、刻制虚假印章,制作出一张300万的假汇票。此后,他们找人冒充汇票上所写公司的老总,将300万汇票交给赵某。双方签订了借款合同,孙胜勇则作为"担保人",在借款合同上盖章。赵某拿到汇票后,向对方支付利息20余万元,并将此汇票在某信用社顺利贴现。同年6月,孙胜勇、徐卫民两人按照同样的做法,再次将三张共计800万的假承兑汇票交给赵某。赵某拿到800万承兑汇票后,共支付利息50余万元。赵此后将800万承兑汇票贴现。请分析,法院应以何罪对孙某和徐某予以判决?

票据是一种有价证券,对伪造或变造有价证券的,各国法律都认定为是一种犯罪行为。当出票人发现自己的印章被伪刻或偷盖以及票据内容被违法变更时,应及时取证并向法院提起诉讼,采取必要的保护措施。伪造票据和变造票据可依法追究行为人的法律责任,但不影响票据权利的行使。

四、涉外票据的法律适用

涉外票据是指出票、背书、承兑和付款等行为中,既有发生在中国境内的,又有发生在中国境外的票据。根据我国法律的规定,涉外票据的法律适用有以下三个方面:

1. 适用出票地法律

如:汇票出票时的记载事项,票据追索权的行使期限等。

2. 适用行为地法律

如:票据债务人的民事行为能力一般适用其本国法,但如果依其本国法为无民事行为能力或限制民事行为能力,而依行为地法律为完全民事行为能力的,适用行为地法律。同时,票据的背书、承兑和付款行为也适用行为地法律。

3. 适用付款地法律

如:票据的提示期限、有关拒绝证明的方式、出具拒绝证明的期限,以及票据丧失时失票人请求保全票据权利的程序等。

第五章 国际商务中的货物运输法律关系
——国际货物运输法

国际货物买卖必然涉及到货物的运输。国际货物运输是国际商务活动中的一个重要环节,主要包括国际海上运输、国际航空运输、国际铁路运输和国际多式联运等形式,其中以海上货物运输为主。国际货物运输法是调整国际货物运输的法律规范的总称,包括国内法和国际公约。

第一节　国际海上货物运输的法律关系

国际海上货物运输指由承运人将货物从一国港口运至另一国港口,并由货方支付运费的运输。调整国际海上货物运输的法律,主要是各国的海商法和《海牙规则》、《维斯比规则》、《汉堡规则》等国际公约。

 **案例导入**

深圳食品贸易公司从美国进口小麦,与美国REIT公司签订了购货合同,采用FOB贸易术语,并将小麦交由香港东昌船运有限公司经营的"宏大"货轮承运。美国REIT公司按合同规定将小麦交由"宏大"货轮装船。该货轮在驶向中国蛇口港的航线上遇到了大风浪,到达目的港后,经船检与商检部门对"宏大"货轮的货舱及货物进行的检验,查实该货轮货舱舱盖严重锈蚀并有裂缝,舱盖板水密橡胶衬垫老化脱落、通风筒损坏,导致舱盖边缘、舱盖板接缝下以及通风筒下的小麦发霉变质。

根据国际海上货物运输法的规定,请思考下列问题:

1. 国际海上货物运输的当事人有哪些,各有何责任?
2. 国际海上货物运输合同中承运人的权利与义务有哪些?
3. 国际海上货物运输合同中托运人的权利与义务有哪些?
4. 航次租船合同、定期租船合同和光船租船合同有哪些主要内容?
5. 国际海上货物运输的索赔时效与诉讼时效有哪些具体规定?
6. 调整国际海上货物运输的法律有哪些,其各自的特点如何?
7. 我国《海商法》对承运人的责任和免责事项有哪些具体规定?

一、选择国际海上货物运输的方式

在实际业务中,国际海上货物运输有班轮运输和租船运输两种形式,其中班轮运输是国际海上货物运输的主要运输方式。

1. 班轮运输

班轮运输指由航运公司以固定的航线、固定的船期、固定的运费率、固定的挂靠港口的组织形式,将托运人的杂件货物运往目的地的运输。由于班轮运输通过提单来调整承运人与托运人之间的关系,所以这种运输方式又称提单运输。班轮运输的固定性比较适合于将不同托运人运输量比较小的杂件货物组织在一起的运输,因此从班轮运输货物的特征看,班轮运输又称件杂货运输或零担运输。

（1）班轮运输的当事人

① 承运人,是指承担运输工作的航运公司,即与托运人订立运输合同的船舶所有人或租用船舶的承租人。

② 托运人,是指与承运人订立海上货物运输合同的另一方当事人,即将货物交给承运人运送,并按约定付给运费的人。

③ 实际承运人，是指接受承运人委托，从事货物运输或者部分运输的人，包括接受转托从事此项运输的其他人。在国际运输的实践中，承运人在订约后不是自己去完成运输，而是将部分或全部的运输交由另一航运公司来完成，完成运输的另一航运公司即为实际承运人。尽管实际承运人不是运输合同的当事人，但也必须对其承运期间的货物损坏承担责任，也有运费的请求权。

④ 收货人，是指有权提取货物的人。在国际货物运输中，班轮运输的提单要转移给第三人，如：收货人。收货人虽不是运输合同的当事人，但货物在运输中受损，收货人也有索赔的权利。同时，在运输合同约定运费到付的情况下，收货人有支付运费的义务。

📝 议题一

深圳食品贸易公司与美国 REIT 公司签订了小麦购货合同，采用 FOB 贸易术语，并将小麦交由香港东昌船运有限公司经营的"宏大"货轮承运。美国 REIT 公司按合同规定将小麦交由"宏大"货轮装船。请分析，承运人、托运人和收货人分别是谁？为什么？

2. 租船运输

在国际海上货物运输中，除了采用定期的班轮运输外，还采用不定期航线的租船运输。租船运输则通过租船运输合同来调整出租人与承租人的关系。

二、签订国际海上货物运输合同或租船运输合同

1. 国际海上货物运输合同的签订

在班轮运输中，国际海上货物运输合同的签订程序是，先由托运人向船公司或其代理人提出货运要求，填写托运单（要约），经船公司或其代理人的核定并接受该票货物的运输，即在托运单上给出提单号，再予以签章确认（承诺），国际海上货物运输合同即告成立。由于班轮运输是通过签发提单来确定承运人与托运人之间的法律关系的，因此提单是国际海上货物运输合同的证明。应当注意的是，提单是确定承运人与托运人权利义务的依据，只是国际海上运输合同的证明，而非合同本身。而对提单的受让人而言，因其没有参加运输合同的缔结，也就不知托运人与承运人之间在订舱时的约定，了解运输合同的内容只能依据提单上的记载。因此，在承运人与提单的受让人之间，提单不仅是运输合同的证明，本身还是一份运输合同。

📝 议题二

深圳食品贸易公司与美国 REIT 公司签订了小麦购货合同，采用 FOB 贸易术语，并将小麦交由香港东昌船运有限公司经营的"宏大"货轮承运。美国 REIT 公司按合同规定将小麦交由"宏大"货轮装船，装船后由香港东昌船运有限公司签发提单。请分析，该笔货物的运输合同成立了吗？为什么？

(1) 国际海上货物运输合同中承运人的权利与义务

① 享有批注权。承运人或代理人可在提单上批注，如：注明提单的记载与实际不符等内容。

② 享有运费收取、货物留置和拍卖请求权。承运人可向托运人收取运费和垫付的其他费用。如果托运人未在规定的时间内支付，承运人可在合理的限度内留置该货物；如果该货运至目的地港起满 60 日无人提取，承运人可向法院申请拍卖。

③ 享有危险货物销毁权。托运人没有告知危险货物的预防措施或通知有误时，承运人可根据实际情况在任何时间、地点将危险货物卸下或销毁，防止其产生危害。由此而产生的损失由托运人承担。

④ 享有邻近港口卸载权。因不可抗力或其他不能归责于承运人和托运人的原因，致使船舶不能在合同约定的目的港卸货的，除合同另有约定外，船长有权将货物在目的港邻近的安全港口或地点卸载，并及时通知当事人，且视为已经履行合同。

⑤ 提供适航的船舶。承运人应恪尽职守使船舶处于适航状态，装备船舶，妥善配备船员和其他必须供应品，保证船舶按照指定的航线运载货物。

⑥ 管理和安全运载货物。承运人应在整个航行中妥善谨慎地装载、搬移、积载、运送、保管、照料和卸载所运货物，否则应对其造成的损失承担赔偿责任。

⑦ 签发提单和交付货物。承运人将货物装船后应签发提单，并在约定的时间交付货物。如延迟交货致使收货人遭受损失，应承担赔偿责任。

⑧ 行驶合理的航线。承运人应按照约定的航线行驶，因救助人命或财产而绕航则除外。

议题三

深圳食品贸易公司与美国 REIT 公司签订了小麦购货合同，采用 FOB 贸易术语，并将小麦交由香港东昌船运有限公司经营的"宏大"货轮承运。该货轮在驶向中国蛇口港的航线上遇到了大风浪，到达目的港后，经船检与商检部门对"宏大"货轮的货舱及货物进行的检验，查实该轮货舱舱盖严重锈蚀并有裂缝、舱盖板水密橡胶衬垫老化脱落、通风筒损坏，导致舱盖边缘、舱盖板接缝下以及通风筒下的小麦发霉变质。请分析，承运人按规定履行了义务吗？为什么？

(2) 国际海上货物运输合同中托运人的权利与义务

① 提交完好的包装货物。如果托运人不能按约定的时间交付货物，由此产生的空舱费由托运人承担。

② 提供必要的单证。托运人必须及时向承运人提供完整、正确的有关单证，如果不能及时提供或单证不全或内容有误，致使承运人的利益受到损害，由托运人承担其赔偿责任。

③ 按照约定支付运费。在 CFR 和 CIF 条件下，托运人（出口商）应按照约定支付运费；在 FOB 条件下，由约定的收货人（进口商）支付。

④ 获取提单权。托运人将出运货物交付承运人后，有权要求承运人或其代理人签发提

单,以证明货物已经在承运人的控制下。

⑤ 享有索赔权。托运人或收货人在货物到达目的港时,发现货物遭到损坏或灭失,有权要求承运人进行赔偿。

议题四

深圳食品贸易公司与美国 REIT 公司签订了小麦购货合同,采用 FOB 贸易术语,并将小麦交由香港东昌船运有限公司经营的"宏大"货轮承运。货物到达目的港后,经商检部门检验查实该货轮货舱舱盖严重锈蚀并有裂缝,舱盖板水密橡胶衬垫老化脱落、通风筒损坏,导致舱盖边缘、舱盖板接缝下以及通风筒下的小麦发霉变质。请分析,托运人按规定可享有哪种权利?为什么?

---

(3) 提单中承运人和托运人的权利与义务

提单分正反两面,提单正面是提单记载的事项及一些声明性的条款,提单的背面为承运人和托运人的权利与义务。其主要条款及内容如下:

① 承运人责任条款。规定了承运人在货物运送中应负的责任和免责事项。

② 责任期间条款。列明了承运人对货物运输承担责任的起止时间,一般为从货物装上船舶之时起到卸离船舶之时为止。承运人对于货物在装船之前和卸离船舶之后发生的灭失或损坏,不负赔偿责任。

③ 装货、卸货与交货条款。是指对托运人在装货港提供货物,以及收货人在卸货港提取货物的义务所作的规定。

④ 赔偿责任限额条款。规定了在货物灭失或损失时,承运人对其进行赔偿的最高赔偿金额。

⑤ 留置权条款。当承运人未收到托运人、收货人应支付的运费和其他款项,以及应分摊的共同海损时,可对该货物及其单证行使留置权,并有权出卖或者以其他方式处置货物。

⑥ 危险货物条款。托运人对危险品的性质必须正确申报并标明危险品标志和标签。托运人如事先未将危险货物性质以书面形式告知承运人,并未在货物包装外表按有关法规予以标明,则不得装运。

⑦ 转船、换船、联运与转船条款。如有需要,承运人为了完成货物运输可以任意采取一切合理措施,任意改变航线、港口或将货物交由承运人自有的或属于他人的船舶,或经铁路以其他运输工具直接或间接地运往目的港,或运到目的港后以转船、收运、卸岸、在岸上或水面上储存以及重新装船运送,以上费用均由承运人负担,但风险则由货方承担。

⑧ 共同海损条款。当船舶因船长、船员或引航员的过失发生事故而采取救助措施时,即使救助船与被救助船同属一个船舶公司,被救助船仍需支付救助报酬。该救助报酬作为共同海损费用,由受益各方分摊。同时,还规定了共同海损理算地点与理算依据的规则。

提单的作用与种类

1. 提单的作用

① 提单是承运人与托运人之间达成的国际海上运输合同的证明；

② 提单是承运人出具的接受货物的依据；

③ 提单是货物所有权的凭证。

2. 提单的种类

① 按是否有批注划分：清洁提单与不清洁提单；

② 按是否已装船划分：已装船提单和收讫备运提单；

③ 按运输方式划分：直达提单和联运提单；

④ 按提单的抬头划分：记名提单、不记名提单和提示提单；

⑤ 按航运的经营方式划分：租船契约提单和班轮提单；

⑥ 按运费支付方法划分：运费预付提单和运费到付提单；

⑦ 按提单的内容划分：全式提单和简式提单。

2. 租船合同的签订

租船合同是指船舶出租人按一定的条件将船舶的全部或部分出租给承运人进行货物运输的合同。租船合同包括航次租船合同、定期租船合同和光船租船合同。

（1）航次租船合同

航次租船合同又称航程租船合同，是指航次出租人向承租人提供船舶或者船舶的部分舱位装运约定的货物，由承租人支付约定运费的合同。航次租船合同的特征是：出租人保留船舶的所有权和占有权；出租人负责船舶经营管理；出租人雇佣船长和船员，并承担船员工资、港口使用费、船用燃料、港口代理费等费用；承租人除依合同规定负担装卸费等费用外，不直接参与船舶的经营。

航次租船合同的主要内容如下：

① 船舶说明条款。本条款是出租人对船舶情况所作的陈述，包括船名、船舶国籍、船级、船舶吨位和船舶动态等内容，使船舶特定化，是承租人决定是否租用该船的重要依据。

② 预备航次条款。船舶在上一个卸货港时达成一项租船合同，则船舶驶往下一个租船合同的装货港的空放航次被称为预备航次。本条款规定了船方在预备航次中应尽责速遣，否则应对延迟而造成的承租人的损失负赔偿责任。

此外，该条款还包括受载日和解约日的规定。受载日是指租船人可以接收船舶并进行装货的最早日期；解约日是指合同中规定的船舶应到达装货港的最迟日期，如迟于解约日到达装货港，租船人有解除合同的选择权。

③ 货物条款。本条款是对货物的货名、数量和包装等内容的规定。如承租人提供的货物与本条款不符，出租人有权拒装货物。对于货物的数量通常只规定一个约量，如："10000吨±5％，船方选择"。在装货前，船方应根据将要履行的航次情况，向承租人宣布本航次可以承载货物的数量。

④ 装卸港口条款。本条款是对装卸港口的规定。其方法是：A. 明确规定装卸港的数目和名称。在这种情况下，承租人必须事先能确定装卸港，事后不得改港。B. 规定数个装卸港

进行选择。承租人选择港口的时间在合同中有约定的应从约定,没有约定的,承租人必须在合理的时间内行使其选择权,否则要承担由此造成的损失。

⑤ 装卸时间条款。本条款是对装卸时间的规定。装卸时间是指合同当事人双方约定的装卸货物而无需在运费之外支付附加费的时间段。如租船人未能在装卸期间内装货或卸货,则须按超过的时间向船方支付滞期费。如租船人在装卸期间届满前提前完成装货或卸货,则由船方向租船人支付速遣费。

⑥ 运费条款。本条款是出租人对提供服务所支付的运费进行的规定。运费的形式主要有两种:A. 运费率。是按所载货物的每单位容积所规定的金额,如:每公吨 35 美元或每 40 立方英尺 35 美元。B. 整船包价。是按所提供的船舶规定的一笔整船运费,如:包价 1000 万美元。在整船包价的情况下,不管实际装货多少,一律照付全部运费。

⑦ 责任终止和留置条款。本条款规定了货物装船完毕后,租方对租船合同的责任即告终止。在托运人未付清合同所规定的运费、空舱费和滞期费等费用之前,船方对货物享有留置权。

此外,航次租船合同中,还有装卸费用、绕航条款、罢工条款、战争条款和冰冻条款等内容。

> **议题五**
>
> 　　韩国新晟会社与中国有色公司签订一份航次租船合同。合同约定:新晟会社为出租人,有色公司为承租人;运输货物重量约 5000 公吨,货物为散装硫铁矿;装运港为中国黄埔港,卸货港为韩国蔚山港;船名为"永安"(韩籍),其载重量为 5519 吨,有两个货舱。该轮抵黄埔港后装货完毕,共装载硫铁矿 4498 公吨。新晟会社的船务代理人广东船务公司向有色公司签发了提单。请分析,该航次租船合同条款是否完备? 为什么?

(2) 定期租船合同

定期租船合同是指船舶出租人向承租人提供约定的,由出租人配备船员和船舶,承租人在约定的期限内,按照约定用途使用并支付租金的合同。

① 定期租船合同的主要内容。

● 船舶说明条款。本条款是对有关船舶的说明,主要包括船舶名称、船籍、船级、吨位与容积、船速与燃油消耗等内容。

● 租期条款。本条款是对租船人使用船舶期限的规定。完成最后航次的日期为合同约定的还船日期,如果超过合同约定的还船日期,承租人有权超期用船以完成该航次,但应按照合同约定的租金率向出租人支付租金。如果市场的租金率高于合同约定的租金率,承租人应当按照市场租金率支付租金。

● 停租条款。本条款规定在发生某些影响租船人使用船舶的情况下,租船人可以停付租金。停付租金的事项由双方进行协商决定,通常包括船体、机器及设备的故障或损坏;因海损事故引起的延滞;等待补充船长、船员或物料的期间等现象。

● 送运合法货物条款。本条款规定装运货物的范围。对于租船人装运规定范围以外的货物(主要是危险品)的要求,船长可以拒绝。

● 航区条款。本条款规定了享有经营权的承租人可以使用船舶进行航运的范围。

此外,在定期租船合同中,还有租船人的指示条款、留置条款、转船条款、交船与还船条款等内容。

② 定期租船合同与航次租船合同的区别。

● 营运成本方面。定期租船合同中有关于燃油消耗量、航速的规定,其由租船人承担;航次租船合同中由船方负担航次成本,故无其规定。

● 装卸时间方面。定期租船合同是以约定时间为单位,故合同中无"速遣"与"滞期"的约定,只有"停租"的规定;航次租船合同中的装卸时间由船方负责,因此航次租船合同中有速遣费和滞期费的规定。

③ 经营权方面。在定期租船合同中,船舶的经营权由承租人负责;在航次租船合同中,船舶的经营权由船东负责。

议题六

广东船公司与香港船务公司签订了一份定期租船合同。合同规定:香港船务公司租用广东船公司所有"东运 705"轮,租期为 6 个月,从船舶交付之日起计算;租方负责劳务费、燃油费、船舶港口费等费用;租金为每月 185000 港币。由于"东运 705"轮来不及办理有关证书,广东船公司便用"东运 816"轮替代,并开往香港装货。香港船务公司得知后,即刻书面通知广东船公司解除租船合同。而广东船公司多次去函向香港船务公司催付租金及有关费用。请分析,香港船务公司是否必须支付租金及有关费用?为什么?

---

(3) 光船租船合同

光船租赁合同是指由船舶所有人提供不配备船员的光船,由租船人雇用船员在约定期限内使用船舶,并支付租金的租船合同。

光船租赁合同具有财产租赁合同的性质,具有以下三个方面的特征:

① 出租人只提供船舶,并不配备船员;

② 船舶出租人只保留船舶的所有权,船舶使用权与营运权均转移给了承租人;

③ 承租人在合同规定的范围内雇用船员进行船舶的经营,经营中发生的风险和责任由承租人承担。

根据我国《海商法》第 145 条的规定,光船租赁合同的内容,主要包括出租人和承租人的名称、船名、船籍、船级、吨位、容积、航区、用途、租赁期限、交船和还船的时间和地点及其条件、船舶检验、船舶的保养维修、租金及其支付、船舶保险、合同解除的时间和条件,以及其他有关事项。

议题七

巴拿马兴鹏船公司与深圳华新船务公司签订了一份光船租赁协议。合同规定:巴拿马兴鹏船公司的"兴业"轮出租给深圳华新船务公司,租期为从交付船舶之日起 4 年;每年租金均为 500 万美元;违约金为租金的 3%。本协议签订后,深圳华新船务公司将该轮再出租给宁波船公司,巴拿马兴鹏船公司对此认为深圳华新船务公司违约,要求其支付违约金并解除租赁协议。请分析,巴拿马兴鹏船公司的要求合理吗?为什么?

三、确认违约责任

在国际货物运输的整个过程中,有着托运人、承运人、实际承运人、代理人、出租人、承租人、港口码头经营人、仓储管理人、发货人、收货人等众多关系人,其各有自己的法律责任,一旦发生违约现象,就必须在客观事实的基础上,按法律要求分清各自的责任,以维护合法利益,保证货物运输的正常进行。

1. 确认违约事实

违约事实是分清当事人各自责任的客观依据,也是索赔的必要依据。在国际货物运输中,由于当事人关系不但复杂,而且具有变动性,并且一些违约事实不易查清,故应当特别重视取得和保护客观事实证据,确定违约的责任。否则就得不到法律上的支持,就无法实现自身的利益。

议题八

山东船公司接受青岛土畜产公司的订舱,装船后签发了已装船正本提单。该提单注明货物名为二氧化硫脲,船名为"鳄鱼坚强"号,起运港为青岛,卸货港为神户港,托运人为青岛土畜产公司。当"鳄鱼坚强"轮到达神户港后,日本官方检验检疫机构上船进行检查,发现25个集装箱的表面有化学污染痕迹,经鉴定,认为是货物装载不当引起的。请分析,货物装载不当的责任该由谁负责?为什么?

2. 保护合法权益

在确认违约责任的前提下,遭受损失的一方当事人应善于选择对自己最有利的法律法规、国际公约和惯例来保护自己的合法权益。因此,当事人必须了解有关法律法规、国际公约和惯例的适用性,并通过协商、仲裁和诉讼等途径来确保自己应有的权益。

议题九

天津制衣公司委托马士基航运公司出运用一个40英尺集装箱的服装,在天津新港装船后,由马士基公司签发提单。货物运抵目的港后,无人提取。制衣公司即电话通知马士基公司妥善保管货物,马士基公司向天津制衣公司开票,收取仓储与管理费2330美元。数周后,天津制衣公司接到马士基公司电话,称货物被不明身份的人盗走,双方就赔偿金发生了争议。请分析,天津制衣公司应通过何种途径来确保自己的权益?为什么?

四、国际海上货物运输的索赔与诉讼时效

1. 国际海上货物运输的索赔时效

(1)《海牙规则》索赔时效的规定

收货人在提货时如发现货损,应立即向承运人提出书面索赔通知;如果灭失或损坏不明

国际商务法律法规

显,则应在三天内提出索赔;在联合检验的情况下,无须出具索赔通知。

(2)《汉堡规则》索赔时效的规定

索赔通知应在收货后第一个工作日内提交,如延迟提交必须承担举证责任。

(3)我国《海商法》索赔时效的规定

货物灭失或损坏的情况如不明显,可在货物交付的次日起连续七日内提出索赔;集装箱货物应在交付的次日起连续十五日内以书面通知提出索赔。

2. 国际海上货物运输的诉讼时效

(1)《海牙规则》诉讼时效的规定

如货物遭受损失,自货物交付之日起以一年内向有关法院提起诉讼;如货物灭失,自货物应交付之日起算一年内向有关法院提起诉讼。

(2)《维斯比规则》诉讼时效的规定

诉讼时效为一年,经双方协商可延长时效;对第三者的追偿诉讼,可在一年的诉讼时效期满后再有三个月的宽限期。

(3)《汉堡规则》诉讼时效的规定

自承运人交付货物之日起,诉讼时效为两年;如果未交付货物,则从应交付货物的最后一日起算为两年。

(4)我国《海商法》诉讼时效的规定

自承运人交付或应交付货物之日起,诉讼时效为一年。

五、调整国际海上货物运输的法律

1.《海牙规则》

1924 年由欧美各主要航运国家在布鲁塞尔签订了《统一提单的若干法律规则的国际公约》简称《海牙规则》,于 1931 年 6 月生效。《海牙规则》是在承运人势力强大的历史背景下产生的,所以其特点是比较偏袒承运人一方,主要表现在两个方面:一是给承运人规定了最低限度的义务;二是规定承运人可以享受过失免责。该公约共有十六个条款,其主要内容如下。

(1)涉及提单运输名词的含义

根据《海牙规则》第一条的规定,对下列名词定义为:

① 承运人。是指与托运人订有运输合同的船舶所有人或租船人。

② 运输合同。是指以提单或任何类似的物权证件进行有关海上货物运输的运输合同,包括根据租船合同所签发的提单或任何物权证件。

③ 货物。是指货物、制品、商品和任何种类的物品,但活牲畜以及在运输合同上载明装载于舱面上并且已经这样装运的生物除外。

④ 船舶。是指用于海上货物运输的任何船舶。

⑤ 货物运输。是指自货物装上船时起,至卸下船时止的一段期间。

(2)提单的签发、内容与证据效力

根据《海牙规则》第三条第 3 款的规定,承运人或船长或承运人的代理人在收受货物归其照管后,经托运人的请求,应向托运人签发提单,其上载明唛头、包数或件数、货物的表面状况等各项内容。该条第 4 款确定,这种提单应作为承运人收到该提单中所载货物的初步证据。

(3) 承运人的义务

① 适航义务。根据《海牙规则》第三条第1款的规定,承运人的适航义务包含三层内含:A. 使船舶适于航行;B. 使当地配备船员、装备船舶和供应船舶;C. 使货舱、冷藏舱和该船其他载货处所能适宜和安全地收受、运送和保管货物。《海牙规则》并不要求船舶在任何时间都必须处于适航状态,仅要求在"开航前和开航时"。因为海上风险太大,船舶在航行中可能由于各种原因而变得不适航,如要求承运人在整个航程中均适航,那么承运人所负的责任与其享受的利益就会产生不平衡。

② 管货义务。根据《海牙规则》第三条第2款的规定,管货义务是指承运人应适当和谨慎地装卸、搬运、配载、运送、保管、照料和卸载所运货物。承运人在上述七个阶段均应做到"适当和谨慎","适当"带有技术性及业务水平,"谨慎"就是要认真。

③ 承运人的责任期间。根据《海牙规则》第一条第5款的理解,承运人的货物运输责任期间为从货物装上船起至卸完船为止的期间。在实践中,多将其理解为"钩至钩"责任。在使用岸吊的情况下,以船舷为责任期间的起止点。

④ 承运人的免责。根据《海牙规则》的第四条第2款的规定,承运人的免责范围有:A. 船长、船员、领航员或承运人的雇佣人员,在航行或管理船舶中的行为、疏忽或不履行义务;B. 火灾,但由于承运人实际过失或私谋所引起的除外;C. 海上或其他能航水域的风险、危险或意外事故;D. 天灾;E. 战争行为;F. 公敌行为;G. 君主、当权者或人民的扣留或拘禁或依法扣押;H. 检疫限制;I. 货物托运人或货主、其代理人或代表的行为或不行为;J. 不论由于何种原因引起的局部或全面的罢工、关厂、停工或限制工作;K. 暴动和骚乱;L. 救助或企图救助海上人命或财产;M. 由于货物的固有瑕疵、性质或缺陷所引起的体积或重量的损失,或任何其他灭失或损坏;N. 包装不当;O. 唛头不清或不当;P. 虽克尽适当的谨慎亦不能发现的潜在缺陷;Q. 非由于承运人的实际过失或私谋,或者承运人的代理人,或雇佣人员的过失或疏忽所引起的其他任何原因;但是要求引用这条免责利益的人应负责举证,证明有关的灭失或损坏既非由于承运人的实际过失或私谋,亦非承运人的代理人或雇佣人员的过失或疏忽所造成。

⑤ 赔偿责任限额。根据《海牙规则》第四条第5款的规定,承运人或船舶在任何情况下,对货物或与货物有关的灭失或损害,每件或每计费单位超过一百英镑或与其等值的其他货币的部分,都不负责;但托运人于装货前已就该项货物的性质和价值提出声明,并已在提单中注明的,不在此限。

⑥ 运输合同无效条款。根据《海牙规则》第三条第8款的规定,运输合同中的任何条款、约定或协议,凡是解除承运人或船舶对由于疏忽、过失或未履行本条规定的责任和义务,因而引起货物或关于货物的灭失或损害的责任的,或以下同于本公约的规定减轻这种责任的,则一律无效。有利于承运人的保险利益或类似的条款,应视为属于免除承运人责任的条款。这一规定表明,承运人根据《海牙规则》承担的责任和义务是最低的,享有的免责和权利是最大限度的。

⑦ 托运人的义务与责任。根据《海牙规则》规定,托运人应负有的义务与责任有:A. 托运人应保证其在货物装船前,向承运人书面提供的货物标志、件数、数量和重量的正确性;B. 托运人未经承运人同意而装运属于易燃、易爆或者其他具有危险性质的货物,应对其直接

或间接地引起的一切损害和费用负责。

⑧ 索赔通知。根据《海牙规则》第三条第 6 款的规定,收货人在提货时应检查货物,如发现短卸或残损,应立即向承运人提出索赔。如残损不明显,则应在三日内提出索赔通知。如在提货时或提货后三日内没有提出索赔通知,就是交货时货物的表面状况良好的初步证据。在联合检查的情况下,不需出具索赔通知。

⑨ 诉讼时效。根据《海牙规则》第三条第 6 款的规定,货方对承运人或船舶提起货物灭失或损害索赔的诉讼时效为一年,自货物交付之日起算,在货物灭失的情况下,自货物应交付之日起算。

⑩ 公约的适用范围。根据《海牙规则》第十条规定,本公约各项规定,适用于在任何缔约国所签发的一切提单。第五条规定,本规则中的各项规定不适用于租船合同,但如果提单是在船舶出租的情况下签发,便应符合本规则中的各项规定。

2. 《维斯比规则》

由于《海牙规则》主要反映了航运大国的承运人利益,遭到了国际社会的反对,要求修改该规则。于是 1968 年 2 月诞生了《关于修改统一提单和若干法律规则的公约的议定书》,简称《维斯比规则》,并于 1977 年 6 月生效。《维斯比规则》共有十七个条款,其主要内容如下:

(1) 承运人的责任限制

《维斯比规则》在《海牙规则》的基础上,就承运人的责任限制内容作了较大的扩充和修改。其主要有两个方面:

① 关于赔偿金额计算。《维斯比规则》采用了双重责任限额制,即承运人对货物的灭失或损害责任以每件或每单元 1 万金法郎或每公斤 30 金法郎为限,两者以高者计。在采用货币币种的问题上,《维斯比规则》吸收了《海牙规则》因采用了某国货币而引起贬值问题的教训,未使用某国的货币单位,而是采用了金法郎。金法郎并非法国货币单位,而是一种含金量的计算单位。金法郎为含纯度为 900/1000 的黄金 65.5 毫克的计算单位。

② 关于拼装货计算。根据《维斯比规则》第二条的规定,如果货物是用集装箱、托盘或类似的装运器具拼装时,提单中所载明的、装在这种装运器具中的件数或单位数,应视为就本款所指的件数或单位数;除上述情况外,应视为此种装运器具即是件或单位。也就是说如果货物是以集装箱、托盘或类似的运输工具集装的,则提单中载明的内装件数就是计算赔偿限额的件数;如提单上未注明内装件数,则以成组运输工具的件数为计算赔偿限额的件数。

(2) 提单的证据效力

根据《海牙规则》第三条第 4 款的规定,载有货物主要标志、件数数量或者重量以及货物外表状态的提单,作为承运人已收到其上所载货物的初步证据。《维斯比规则》第 1 条进一步明确规定,提单对于托运人来说是初步证据,而对于善意的提单受让人来说则是最终的证据。初步证据是相对于最终证据而言的,提单的记载事项如仅仅是初步证据,承运人就能提出反证,否定提单记载的真实性。

(3) 承运人的雇佣人或代理人的责任限制

《海牙规则》未明确规定承运人的雇佣人或代理人是否也能享受责任限制的保护。对此《维斯比规则》进行了明确的规定:①对承运人提起的货损索赔诉讼,无论是以合同为依据,还是以侵权行为为依据,均可以适用责任限制的规定;②承运人的雇佣人或代理人也可以享受责任限制的保护。

（4）诉讼时效

《维斯比规则》在《海牙规则》一年诉讼时效的基础上规定，经双方协商，可延长时效，并对第三者的追偿诉讼，在一年的诉讼时效期满后，再有三个月的宽限期。

（5）公约的适用范围

《海牙规则》仅适用于在缔约国签发的提单，《维斯比规则》将其适用范围扩大为：①提单在缔约国签发；②从一个缔约国的港口起运；③提单中列有首要条款，其为法律选择条款，即合同双方当事人合意选择适用该公约。

3.《汉堡规则》

第二次世界大战以后，发展中国家在国际事务中的作用逐渐提高，要求扩大承运人的责任，对《海牙规则》进行实质性的修改。1978 年 3 月，在联合国海上货物运输公约外交会议上通过了《联合国 1978 年海上货物运输公约》，简称《汉堡规则》，并于 1992 年 11 月生效。《汉堡规则》共有三十四个条款，其主要内容如下：

（1）承运人的责任基础

《海牙规则》规定承运人的责任基础是不完全过失责任制，它一方面规定承运人必须对自己的过失负责，另一方面又规定了承运人对航行过失及管船过失的免责条款，因此是一种不完全的过失责任制。《汉堡规则》取消了承运人对航行过失的免责，采用了推定过失责任制，即在货损发生后，先推定承运人有过失，如承运人主张自己无过失，则必须承担主证的责任。

（2）承运人迟延交货的责任

迟延交货是指未在约定的时间内交货，或在无约定的情况下，未在合理的时间内交货。对此《海牙规则》没有规定承运人的迟延交货责任，而《汉堡规则》规定了承运人对迟延交付的赔偿责任，即以相当于该项迟延交付货物应付运费的 2.5 倍金额为限，但不超过应付运费总额。

（3）承运人的责任期间

《海牙规则》对承运人的责任期间不包括装船前和卸货后，而《汉堡规则》明确规定承运人对货物的责任期限，包括货物在装货港、运输途中和卸货港处于承运人掌握管理之下的期间。这一责任期间一般理解为"钩至钩"期间，因为承运人常常是在陆上收到货物，并在陆上仓库向收货人交货的，在收受货物至装船及卸下货物至交付这两个期间中，货物都是在承运人的掌管之下。

（4）承运人的责任限额

《汉堡规则》提高了承运人的最高赔偿限额。其规定承运人对于货物的灭失或损坏的赔偿责任，以每件或每一其他装运单位的灭失或损坏货物赔偿相当于 835 结算单位或毛重每公斤相当于 2.5 结算单位的金额为限，二者之中以较高者为准。如果货损是由于承运人、其雇佣人员或代理人故意造成的，则将丧失责任限额的权利。

（5）关于保函的效力

保函是托运人为了换取清洁提单而向承运人出具保证赔偿承运人因此而造成的损失的书面文书。《汉堡规则》第一次在一定范围里承认了保函的效力，其规定托运人为了换取清洁提单可向承运人出具保函，但保函只在托运人与承运人之间有效。这主要是考虑到出具保函可以免去许多麻烦，也是商业上的一种习惯的变通做法。

（6）货物的适用范围

《汉堡规则》将《海牙规则》排除在适用范围之外的舱面货和活牲畜列入在内。其规定：

国际商务法律法规

承运人依协议、惯例、法律的要求,有权在舱面装货,否则承运人应对货物装在舱面上造成的损失负赔偿责任;活牲畜的受损如是因其固有的特殊风险造成的,承运人可以免责,但承运人须证明已按托运人的特别指示办理了与货物有关的事宜。

（7）索赔通知

根据《汉堡规则》规定,货物的灭失、损坏或迟延交付的索赔通知应在收货后的第一个工作日内提交。在损害不明显时,应在收货后 15 日内提交。延迟交付的索赔通知应在收到货后连续 60 天内提交。

（8）诉讼时效

《汉堡规则》将《海牙规则》与《维斯比规则》的诉讼时效由一年修改为两年。

（9）管辖权

《海牙规则》没有关于管辖权的规定,一般依各航运公司在提单中订明的有关条款确定。这实际上是将管辖法院的选择权单方面授予了承运人,对托运人来说是不公平的。《汉堡规则》第二十一条对管辖作了规定,下列地点所在国法院对有关货物运输的争议有管辖权:①被告的主要营业所所在地,无主要营业所则为经常居住地;②合同订立地;③装货港或卸货港所在地;④海上运输合同中规定的其他地点。

（10）仲裁

《汉堡规则》规定,争议双方可以达成书面仲裁协议,由申请人选择在下列地点之一的所在国提请仲裁:①被告的主要营业所所在地,无主要营业所则为经常居住地;②合同订立地;③装货港或卸货港所在地;④仲裁条款或协议中规定的任何地点。

（11）公约的适用范围

《汉堡规则》规定的适用范围是:两个不同国家之间的海上运输合同;在提单或海上运输合同证明的单证中,载有适用《汉堡规则》的;在任何国内法的首要条款中,采纳该规则的;装货港或卸货港或备选卸货属于缔约国的。《汉堡规则》不适用于租船合同,但适用于租船合同项下的提单。

4. 我国《海商法》

我国未参加《海牙规则》、《维斯比规则》和《汉堡规则》,但我国的《海商法》在有关班轮运输的法律规定上是以其体系为基础的,并吸收了有关合理的内容和国际航运界普遍采用的民间规则。其主要内容如下:

（1）承运人的责任

① 适航义务。承运人开航前和开航时,应当谨慎处理,使船舶处于适航状态,妥善配备船员、装备船舶和配备供给品,并使货舱、冷藏舱、冷气舱和其他载货处所能适宜和安全地收受、载送和保管货物。

② 管货义务。承运人应当妥善地、谨慎地装卸、搬运、积载、运输、保管、照料和卸载所运货物。

③ 不得绕航义务。承运人应按照约定的或习惯的或地理上的航线行驶。

承运人违反上述义务而导致货物的灭失或损坏,应承担赔偿责任。

（2）承运人的免责事项

① 承运人的过失免责,其包括船长、船员、领航员或承运人的其他雇佣人员在船舶驾驶或管理船舶中的过失、火灾,但承运人本人过失除外。

② 承运人的无过失免责,其包括天灾、海上危险、战争、政府或主管部门的行为、检疫限

制司法扣押;罢工、停工;海上救助或企图救助人命或财产;托运人或货主及其代理人的行为;货物的自然属性或固有缺陷;货物的包装不良或标签欠缺、不清;经谨慎处理仍然不能发现的潜在缺陷;非由于承运人或承运人的雇员、代理人的过失造成的其他原因。

第二节 国际航空货物运输法律关系的调整

国际航空货物运输是指由航空公司或其代理人接受托运人的委托,将其货物由航空公司从一国的航空站运至另一国的航空站,并由托运人支付约定运费的运输。国际航空货物运输是利用飞机进行进出口货物运输的一种现代化的运输方式,其特点是运货速度快,交货时间短,安全、准时,货损、货差率低,可节省包装和储藏等费用。

案例导入

杭州水产进出口公司向日本大川商社出口鲜活海蟹 500 千克,采用 CIF 贸易术语,为此委托杭州国际货运代理公司向日本航空公司办理航空运输手续。杭州水产进出口公司填写了国际货物托运书,按指定的时间将鲜活海蟹送到指定的机场仓库,支付运费并获取了日本航空公司签发的航空货运单。由于日本机场工人罢工,承运该货的 JR310 航班飞机无法起飞。两天后,当 JR310 航班飞机到达杭州机场时,鲜活海蟹已经死去大半。为此,杭州水产进出口公司向杭州国际货运代理公司与日本航空公司提出赔偿。

根据国际航空货物运输公约的规定,请思考下列问题:

1. 国际航空货物运输的当事人有哪些?
2. 国际航空货物运输合同中承运人的权利与义务有哪些?
3. 国际航空货物运输合同中托运人的权利与义务有哪些?
4. 国际航空货物运输公约分别有哪些?

一、选择国际航空货物运输的方式

在实际业务中,国际航空货物运输从货物运输的特点来看,可分为班机运输、包机运输和集中托运三种形式,其中班机运输是国际航空货物运输的主要运输方式。

1. 班机运输

班机运输是指飞机按固定的时间、固定的航线、固定的始发站、目的站进行定期航行的货物运输。班机通常使用客货混合型飞机,一些大的航空公司也有开辟定期全货机航班的。班机运输适用于运送急需物品、鲜活商品和节令性商品。

2. 包机运输

包机运输是指包租整架飞机或由几个发货人联合包租一架飞机来运送货物的方式。其可有两种形式:

① 整架包机。其适用于运送数量较多的商品,如果能充分利用来回程舱位,包机比班机运输的费用要低得多;

国际商务法律法规

② 部分包机。其适用于多个发货人的运输,如货物到达站又是同一地点的,则运费较低,但时间较长,急需货物或有时限要求的货物不宜采用。

3. 集中托运

集中托运是指航空公司把若干单独发运的货物组成一整批货物,用一份总运单(附分运单)将货物整批发运到目的地的航空运输。

在国际航空货物运输中,主要当事人有:

① 承运人。即从事航空货物运输业务服务的航空公司,其主要有国内航空公司、国外航空公司和包机运输公司,如:中国东方航空公司(MU)、日本航空公司(JL)等。

② 托运人。是指委托货物进出口业务的货主,即进口商或出口商。

③ 航空货运代理公司。其负责办理航空货物运输的定舱,在始发机场和目的机场的交接货物和进出口报关以及作为航空公司的代理办理接货、签发航空运单,并对运输过程负责。

议题十

杭州水产进出口公司向日本大川商社出口鲜活海蟹 500 千克,采用 CIF 贸易术语,为此委托杭州国际货运代理公司向日本航空公司办理航空运输手续。杭州水产进出口公司填写了国际货物托运书,按指定的时间将鲜活海蟹送到指定的机场仓库,支付运费并获取了日本航空公司签发的航空货运单。请分析,该批货物采用班机运输还是包机运输? 承运人、托运人和航空货运代理公司分别是谁?

二、签订国际航空货物运输合同

1. 国际航空货物运输合同的签订

航空货物运输合同是指航空公司与托运人就提供并完成以民用航空器运送服务达成的协议,其实质是承揽运输合同。在班机运输中,国际航空货物运输合同的签订程序是:

① 先由托运人向航空公司或其代理人提出货物的空运要求,填写国际货物委托书并加盖公章(邀约)。

② 航空公司或其代理人对国际货物委托书进行评审,经核定接受该票货物的运输,并给出运单号进行订舱(承诺),国际航空货物运输合同即告成立。

航空公司或其代理人在接受托运人的货物后,根据国际货物委托书填写航空货运单并予以签章确认,在收取运费时交付托运人。航空货运单一般有一式十二联,其中三联是正本(正本第一联交托运人,正本第二联由航空公司留存,正本第三联由航空公司随机带交收货人),其余副本由航空公司按规定和需要进行分发,作为报关、结算、国外代理中转分拨等用途分别使用。必须注意得是,航空货运单不是物权凭证,不可转让,只是航空运输合同的证明,是承运人或其代理人签发的货运收据。收货人只凭承运人的到货通知与有关证据提货,并在随机航空货运单正本第三联上签收即可。

航空货运单的正面载有航线、日期、货物名称、数量、包装、价值、收货人名称与地址、发货人名称与地址、运杂费等项目,背面则印有托运人和承运人双方各自的责任、权利和义务等内容的条款。

2. 国际航空货物运输合同的内容

调整国际航空货物运输法律关系的国际公约主要有：《统一国际航空运输某些规则的公约》，简称《华沙公约》，1929 年 10 月订于波兰华沙；《修改 1929 年 10 月 12 日在华沙签订的统一国际航空运输某些规则的公约的议定书》，简称《海牙议定书》，1955 年 9 月修订于荷兰海牙，生效于 1963 年 8 月，有 131 个国家加入；《1955 年在海牙修正的和 1975 年蒙特利尔第四号议定书修正的华沙公约》，简称《蒙特利尔第四号议定书》，1975 年 9 月订于加拿大蒙特利尔，生效于 1998 年 6 月。我国于 1958 年 7 月加入了《华沙公约》，1975 年 8 月加入了《海牙议定书》。

（1）国际航空货物运输合同中承运人的权利与义务

根据《华沙公约》、《海牙议定书》和《蒙特利尔第四号议定书》的规定，国际航空货物运输合同中的承运人具有下列权利与义务：

① 承运人向托运人或收货人收取运费的权利。

② 承运人如果证明其或其代理人为了避免损失，已经采取了一切必要措施或者不可能采取这种措施时，可免除其责任。

③ 承运人如果证明全部货损是由受损人的过失所造成的，可免除其责任。

④ 货物的属性或本身的缺陷所引发的损失，可免除其责任。

⑤ 承运人或其受雇人以外的人因包装不善所引起的损失，可免除其责任。

⑥ 因战争行为或武装冲突所引起的损失，可免除其责任。

⑦ 政府有关部门实施的与货物入境、出境和过境有关的行为。

⑧ 在航空运输期间，承运人对货物的毁灭、遗失和损坏承担赔偿责任。

议题十一

杭州水产进出口公司向日本大川商社出口鲜活海蟹 500 千克，委托杭州国际货运代理公司向日本航空公司办理航空运输，且按指定的时间将鲜活海蟹送到指定的机场仓库等待装机，并获取了日本航空公司签发的航空货运单。由于日本机场工人罢工，承运该货的 JR310 航班飞机无法起飞。两天后，当 JR310 航班飞机到达杭州机场时，鲜活海蟹已经死去大半。请分析，这部分损失应由谁承担？为什么？

（2）国际航空货物运输合同中托运人的权利与义务

根据《华沙公约》、《海牙议定书》和《蒙特利尔第四号议定书》的规定，国际航空货物运输合同中的托运人具有下列权利与义务：

① 托运人在履行合同所规定的一切义务条件下，有权在始发地航空站或目的地航空站将货物退回，或在途中经停时中止运输，或在目的地或运输中交给非航空货运单上所指定的收货人，或要求将货物退回始发地航空站，但不得损害他人利益。

② 托运人当货物价值不超过每千克 250 法郎时，有权要求在航空货运单上申明货物价值。

③ 托运人对其在航空货运单上填写内容的正确性负责，并承担由此而引起的损失赔偿。

④ 托运人应提供必须的单证，并附在航空货运单之后，以便承运人办理海关等手续。

⑤ 托运人应按照约定支付运费。

杭州水产进出口公司向日本大川商社出口鲜活海蟹,委托杭州国际货运代理公司向日本航空公司办理航空运输手续。当鲜活海蟹装上飞机后,准备起航。请分析,如果因收货人变故,杭州水产进出口公司是否可将鲜活海蟹退回? 为什么?

（3）收货人的权利与义务

根据《华沙公约》、《海牙议定书》和《蒙特利尔第四号议定书》的规定,收货人具有下列权利与义务：

① 收货人在货物到达目的地并支付应付款项后,有权要求承运人交付货物。

② 收货人在航空货运单约定的到达时间届满七日内仍未收到货物(货物遗失不受其限),有权向承运人主张权利。

③ 国际航空货物运输合同规定由收货人支付费用时,收货人在收到承运人的货物到达通知后,有义务支付运费。

④ 收货人在货物到达目的地并支付应付款项后,有义务提取货物。

第六章　国际商务中的海上货物运输保险制度
——海上货物运输保险法

为了避免因自然灾害和意外事故所引起的损失,早在十二世纪,人们就发明了保险制度。

在国际货物运输的过程中,承运人需将货物从一国某地港口运至另一国某地港口,长时间的海上航行使遇到自然灾害与意外事故的几率变得较高,办理国际货物运输保险尤为重要。一旦发生保险范围内的损失,可从保险公司获取约定的赔偿。

第一节 国际海上货物运输保险的投保

国际海上货物运输保险是指一方当事人以支付一定费用为条件,要求另一方当事人对在国际间运输的货物可能发生的某种损失,承担约定的赔偿责任。国际海上货物运输保险的投保是由进口商或出口商根据合同或信用证的规定,按规定格式填制投保单向保险公司办理投保手续。投保单具体载明保险公司名称、被保险人与投保人名称、保险货物项目与数量、保险金额、承保险别、保险起讫地点等项内容,因此要了解投保业务的当事人、主要保险条款及其保险范围与具体险别。

投保单实样

中保财产保险有限公司上海市分公司
The People's Insurance（Property）Company of China，Ltd．，Shanghai Branch
进出口货物运输保险投保单
Application Form for I/E Marine Cargo Insurance

被保险人
Assured's Name

发票号码(出口用)或合同号码(进口用) Invoice No. or Contract No.	包装数量 Quantity	保险货物项目 Description of Goods	保险金额 Amount Insured

装载运输工具＿＿＿＿＿＿ 航次、航班或车号＿＿＿＿＿＿ 开航日期＿＿＿＿＿＿
Per Conveyance　　　　 Voy. No.　　　　　　　 Slg. Date
自＿＿＿＿＿ 至＿＿＿＿＿ 转运地＿＿＿＿＿ 赔款地＿＿＿＿＿
From　　　 To　　　　 W/Tat　　　　 Claim Payable at

承保险别:　　　　　　　　　　　　 投保人签章及公司名称、电话、地址:
Condition &/or　　　　　　　　　 Applicant's Signature and Co. 's Name，Add. and
Special Coverage　　　　　　　　　 Tel. No.

备注:　　　　　　　　　　　　　 投保日期:
Remarks　　　　　　　　　　　　 Date

保险公司填写:　　 报单号:　　　　　　 费率:　　　 核保人:

案例导入

天津进出口公司与保加利亚 MTT 公司签订了一份计算机销售合同,采用 CIF 成交条件,由天津进出口公司向中保财产保险有限公司天津分公司办理投保手续。为此,天津进出口公司根据合同保险条款填写投保单:保险货物项目为计算机,数量为 1000 台,保险金额为80 万美元,保险起讫地点为天津新港至保加利亚索菲亚港,承保险别按发票金额 110% 投保1981 年 1 月 1 日修订的中国人民保险公司海洋货物运输保险的一切险和战争险。

运输该货物的货轮在航行过程中遇到雷电导致 A 舱火灾,该舱货物全部被毁。在灭火过程中,天津进出口公司的 50 台计算机被灭火液浸泡受损。货物到达目的地索菲亚港后又遇到港口工人罢工,30 台计算机被盗。

根据海上货物运输保险法合同磋商的理论,请思考下列问题:

1. 投保业务的主要当事人有哪些?
2. 海上货物运输保险人承保的范围有哪些?
3. 我国海洋货物运输保险的险别有哪些具体规定?
4. 英国伦敦保险协会货物保险条款有哪些具体内容?

一、投保业务的当事人

在国际海上货物运输保险投保业务中,其当事人主要有保险人、投保人和保险经纪人。

1. 保险人

保险人是指按照合同约定,收取保险费,承担合同约定保险范围内的损失,给予投保人补偿的一方当事人,即保险公司。按照各国法律规定,保险公司必须经过政府机构批准获得保险人资格,并办理工商登记和备案,才具有经营海上保险业务的资格。目前,在我国有中国人民财产保险有限责任公司、中国太平洋财产保险有限责任公司和中国平安财产保险有限责任公司等单位获准经营海上保险业务。

2. 投保人

投保人又称被保险人,是与保险人订立海上保险合同,按约定支付保险费义务的当事人。办理订立海上保险合同业务的投保人可以是法人或自然人。投保人须具备下列两个条件:

(1)投保人应当是具有民事行为能力的人

自然人必须是法定成年人,且精神正常。法人则为依法登记注册并获得许可的独立经营业务的各种经济组织。

(2)投保人应当具有保险利益

投保人应当与保险标的之间存在着某种切身利害关系,如:货物所有人对其享有所有权的货物具有保险利益。

3. 保险经纪人

保险经纪人是指代表被保险人的利益,向保险公司商订保险合同,并向接受该项业务的承保人收取佣金的人。保险经纪人是保险人与投保人之间的媒介,主要负责为投保人寻找合适的保险人,并协助投保人向保险人进行索赔。

国际商务法律法规

二、国际海上货物运输保险的范围

　　在进出口贸易业务过程中,贸易合同中的标的货物在海上运输、装卸和储存等环节中都可能遭受各种风险。海上货物运输保险人承保的范围主要包括:承保的风险、损失和费用等。

1. 海上货物保险人承保的风险

　　海上货物运输保险人承保的风险主要是海上风险与外来风险。

(1) 海上风险

　　海上风险也称海难,即货物在海上运输中发生的风险,包括海上发生的自然灾害和意外事故。

　　自然灾害是指由于自然力量,如:因恶劣气候、雷电、海啸、地震、洪水和火山爆发等原因所引起的人力不可抗拒的灾害。

　　意外事故是指运输工具在运输过程中遭受搁浅、触礁、沉没、互撞、失踪、失火和爆炸等意外原因所造成的事故。

　　海上风险必须具有偶发性的特点,即这种灾害或事故是否发生是不确定的。

(2) 外来风险

　　外来风险通常是指由于海上风险以外的其他外来原因引起的风险,其可分为一般外来风险和特殊外来风险。

　　一般外来风险是指被保险货物在运输途中由于一般外来原因造成的损失,如:偷窃、雨淋、短量、沾污、渗漏、破碎、串味、受潮、锈损、钩损等。

　　特殊外来风险是指由于国家的政策、法令、行政措施、军事等特殊外来原因所造成的风险与损失。如:因战争、罢工等原因导致交货不到或出口货物被有关当局拒绝进口而引起的损失。

2. 海上货物保险人承保的损失

　　保险人承保的损失是海损,即被保险货物在海洋运输中因海上风险所造成的损坏或灭失,也包括与海陆连接的陆上和内河运输中所发生的损坏或灭失。按照货物的损失程度,海损可分为全部损失和部分损失。

（1）全部损失

全部损失简称全损，指在运输中的整批货物，或不可分割的一批货物的全部损失，其可分为实际全损和推定全损两种。

实际全损是指被保险货物在运输途中完全损毁和灭失。其主要包括四种情况：

① 被保险货物完全灭失，如：遭遇海难的船只与所载货物同时沉没；

② 被保险货物的丧失已无法挽回，如：全部货物被海盗劫走或被敌方扣押；

③ 被保险货物已丧失原有的价值，如：茶叶经水浸泡后不可饮用；

④ 船舶失踪达一定时期，可视该船舶及其所载货物为全部灭失。

推定全损是指被保险货物在海运途中遭遇承保风险后，实际全损已不可避免，或为了避免发生实际全损所需支付的费用与继续运至目的地的费用之和将超过保险价值。当发生推定全损的情况时，被保险人可以要求保险人按部分或全部损失赔偿。如按全部损失赔偿，被保险人必须向保险人发出委付通知。

知识链接

委 付

委付是指被保险人表示愿意将保险标的的一切权利和义务移交给保险人，并要求保险人按全部损失赔偿的一种做法。委付必须经保险人同意后，方能生效。如被保险人不办理委付，保险人将给予部分损失的赔偿。

被保险人向保险人提出委付必须具备以下条件：

① 委付必须以保险标的推定全损为条件。如果保险标的物已全部灭失，即为实际全损，保险人应当依约赔偿，委付也根本不可能成立。

② 委付必须以保险标的的整体性为条件。被保险人必须就保险标的物的全部请求委付，不能只就一部分标的物委付，另一部分标的物不委付。

③ 委付必须将保险标的之一切权利转移给保险人。

④ 委付必须经保险人承诺方能生效。保险人无义务接受委付，但委付一经保险人接受就不得撤回。

⑤ 委付不能附有条件。被保险人的委付不得附有任何条件。

委付成立后，保险标的物的所有权自委付原因出现之时起开始转移，保险人对因标的物而产生的权利和义务必须同时接受。

（2）部分损失

部分损失是指被保险货物没有达到全损程度的损失。按照部分损失的性质，可分为共同海损和单独海损。

共同海损是指载货船舶在航行中遭遇自然灾害或意外事故并威胁到船、货等共同安全时，船方为了解除这种威胁，有意识地采取了合理措施所做出的某些特殊的牺牲或支出额外的费用。

共同海损的成立必须具备三个条件：

① 危险必须是实际存在或不可避免的，且危及船、货共同安全；

② 所采取的措施必须是主动的、合理的；

国际商务法律法规

③ 所做出的牺牲是特殊性质的，支出的费用是额外的，且必须是有效的。

共同海损的牺牲和费用应由船方、货方和运费方以最后获救的价值按比例分摊，这就是共同海损的分摊。

单独海损是指除共同海损以外的，仅由各受损者单独负担的部分损失。

共同海损和单独海损虽然都属于部分损失，但二者有着明显的区别。具体表现为如下：

① 造成海损的原因不同。单独海损是承保风险所直接导致的货物损失，而共同海损则是为了解除或减轻船、货、运费三方的共同危险，采取主动行为所造成的损失。

② 损失构成的内容有异。单独海损通常是指货物本身的损失，而共同海损既包括货物牺牲，又包括因采取必要措施而引起的费用损失。

③ 损失承担的责任有别。单独海损由受损方独自承担，而共同海损则应由各受益方按受益大小的比例分摊损失。

议题三

天津进出口公司向中保财产保险有限公司天津分公司办理投保手续后，运输被保险货物的货轮在航行过程中遇到雷电导致 A 舱火灾，该舱货物全部被毁。在灭火过程中，天津进出口公司的 50 台计算机被灭火液浸泡受损。货物到达目的地索菲亚港后又遇到港口工人罢工，30 台计算机被盗。请分析，该案的损失属于全部损失还是部分损失？如是部分损失，又属于单独海损还是共同海损？为什么？

3. 海上货物保险人承保的费用

被保险货物遭遇保险责任范围内的风险，除了货物本身遭受损失之外，还会产生因营救而支出的费用。保险人对这种费用也给予赔偿，其主要有施救费用和救助费用。

施救费用是指被保险货物在遭遇保险责任范围内的自然灾害和意外事故时，被保险人或其代理人为抢救被保险货物，防止损失继续扩大所支出的合理费用。

救助费用是指被保险货物遭受承保范围内的灾害事故时，由保险人和被保险人以外的无契约关系的第三者采取救助措施并且救助成功，被救方向施救者支付的费用。

议题四

天津进出口公司向中保财产保险有限公司天津分公司办理投保手续后，运输被保险货物的货轮在航行过程中遇到雷电导致 A 舱火灾，为了灭火而产生了一定的费用。请分析，该费用是施救费用，还是救助费用？为什么？

三、国际海上货物运输保险的立法

现代意义上的保险法是 1369 年的《热那亚法令》，其包含了有关保险的法律规定。1435 年的《西班牙巴塞罗那法令》则被誉为"世界上最古老的海上保险法典"。而在国际运输货物保险法领域中，发挥主导作用的是国内法和国际惯例。

1906 年英国制订的《海上保险法》和 1982 年英国伦敦保险业协会颁布的《伦敦保险业协会货物保险条款》对各国保险的立法和实际保险业务产生了重大的影响。法国最早的保险立法是 1681 年制定的《海事条例》，较完善的是 1930 年的《保险契约法》和 1938 年的《保险业法》。日本的保险立法主要包含在商法典内，1990 年颁布了《保险业法》。

我国于 1929 年制定了《保险法》，1935 年颁布了《保险业法》，1992 年公布了《海商法》（海上保险的内容被列入该法规内）。1963 年中国人民保险公司制定了《海洋运输货物保险条款》并于 1981 年 1 月 1 日修订，1995 年我国又颁布了新中国成立后的第一部《保险法》，共计八章 152 条。

目前，尚无关于国际运输货物保险的统一冲突法和实体法国际公约，《约克——安特卫普规则》是当前在海事领域中唯一被公认的国际惯例，主要就共同海损的理算进行了规定。

四、我国海洋货物运输保险条款规定的险别

险别是保险人的承保责任和被保险人缴纳保险费的依据。我国海洋货物运输保险的险别分为基本险和附加险。基本险别是指可以独立投保，不必附加在其他险别项下的险别；附加险别是指投保人在投保基本险别时，为补偿因基本险别范围以外可能发生的某些危险造成的损失所附加的保险。附加险须在投保基本险的基础上才能加保。

1. 基本险

按照中国人民保险公司 1981 年 1 月 1 日修订的《海洋运输货物保险条款》规定，海洋运输保险的基本险别分为平安险、水渍险和一切险。

（1）平安险

英文原意是"单独海损不赔"，保险公司对平安险的责任范围如下：

① 被保险货物在运输途中由于恶劣气候、雷电、海啸、地震、洪水等自然灾害造成的整批货物的全部损失或推定全损；

② 由于运输工具遭受搁浅、触礁、沉没、互撞与流冰或其他物体碰撞以及失火、爆炸等意外事故造成货物的全部或部分损失；

③ 在运输工具已经发生搁浅、触礁、沉没、焚毁等意外事故的情况下，货物在此前后又在海上遭受恶劣气候、雷电、海啸等自然灾害所造成的部分损失；

④ 装卸或转运时由于一件或数件整件货物落海造成的全部或部分损失；

⑤ 被保险人对遭受承保责任内危险的货物采取抢救、防止或减少货损的措施而支付的合理费用，但以不超过该批被救货物的保险金额为限；

⑥ 运输工具遭遇海难后，在避难港由于卸货所引起的损失以及在中途港、避难港由于卸货、存仓以及运送货物所产生的特别费用；

⑦ 共同海损的牺牲、分摊和救助费用；

⑧ 运输合同中订有"船舶互撞责任"条款的，根据该条款规定应由货方偿还船方的损失。

平安险是承保责任范围最小，所缴保险费较少的一种基本险别。

（2）水渍险

原意是"负责单独海损的赔偿"。该险的责任范围除平安险的各项责任外，还负责被保险货物由于恶劣气候、雷电、海啸、地震、洪水等自然灾害所造成的部分损失。因此，水渍险比平安险的责任范围更大，保险费率亦比平安险要高。

（3）一切险

该险除包括水渍险的责任范围外,还负责赔偿被保险货物在运输途中由于一般外来原因所致的全部或部分损失。因此,在三种基本险中,一切险的责任范围最大,保险费率最高。

议题五

某货轮在航行途中遭遇强热带风暴,货舱中的600多箱货物被暴雨淋坏,并严重威胁货轮的安全,船长只得命令货轮开往附近港口避难。但是,货轮在前往避难港途中不幸搁浅,在这期间又有500多箱货物被许多不法分子偷窃。请分析,本案投保何种险别才可得到保险公司的赔偿?为什么?

我国基本险别的承保责任起讫,采用国际保险业通用的"仓至仓"条款,即保险公司的保险责任自被保险货物离开保险单所载明的起运(港)地发货人的仓库开始,直至该货物到达保险单所载明的目的(港)地收货人的仓库、或被保险人用作分配时终止。如果被保险货物从船上卸下后,放在码头或海关仓库,而没有运到收货人的仓库,保险责任仍继续有效,但最长负责到卸离海轮后60天为止。如果在此期间货物需转运至非保险单所载明的目的地,则以开始转运时终止。

议题六

山西粮油贸易公司与德国客商签订了一份10000公吨小麦销售合同,由卖方投保一切险。一个月后货物到达目的港,德商在码头进行包装,期间下起了暴雨,致使100多公吨未包装的小麦受损。于是,德商以货物在保险有效期内为由,向保险公司提出索赔。请分析,德商能得到保险公司的索赔吗?为什么?

（4）基本险的除外责任

除外责任是指保险人不承担赔偿的范围。其主要内容有:
① 被保险人的故意行为或过失所造成的损失;
② 属于发货人责任所引起的损失;
③ 在保险责任开始前,被保险货物已存在的品质不良或数量短差的损失;
④ 被保险货物的自然损耗、本质缺陷、特性,以及市价跌落、运输延迟引起的损失或费用;
⑤ 海洋运输货物战争险和罢工险所规定的除外责任。

议题七

广东食品贸易公司于2007年7月向南非客商出口巧克力200千克,并向中保财产保险有限公司广东分公司投保了一切险。由于航程太长且天气炎热,货到达目的港时,部分巧克力软化难以销售。对此,南非客商向保险公司提出索赔。请分析,南非客商提出的要求合理吗?为什么?

国
际
商
务
法
律
法
规

2. 附加险别

（1）一般附加险

一般附加险承保因一般外来风险所造成的全部或部分损失。其险别如下：

① 偷窃、提货不着险。指承保货物因偷窃行为所致的损失和整件提货不着等损失，负责按保险价值赔偿。

② 淡水雨淋险。指承保货物因遭受雨淋、雪溶或其他原因的淡水所致的损失，保险公司给予赔偿。

③ 短量险。指承保货物的数量和实际重量短缺的损失，由保险公司负责赔偿。

④ 混杂、沾污险。指承保货物在运输过程中，因混进杂质所造成的损失，或因与其他物质接触而被沾污所造成的损失，保险公司给予理赔。

⑤ 渗漏险。指承保的液体物质和油类物质，在运输过程中因容器损坏而引起的渗漏损失，或用液体储藏的货物因液体的渗漏而引起货物的腐败、变质等损失，保险公司给予赔偿。

⑥ 碰损、破碎险。指保险公司对机械设备或易碎性物质等承保货物，在运输途中因颠簸、挤压、装卸野蛮造成货物本身的碰损和破碎的损失给予赔偿。

⑦ 串味险。指承保货物因与其他异味货物混装，致使其品质受损，由保险公司负责赔偿。

⑧ 受热、受潮险。指承保货物在运输过程中，因气温突变或因船上通风设备失灵致使船舱水气凝结、发潮、发热所造成的损失。

⑨ 钩损险。指承保货物在装卸过程中，因使用手钩、吊钩等工具所造成的损失，并对包装进行修补或调换所支付的费用负责赔偿。

⑩ 包装破裂险。指承保货物在运输过程中，因装运或装卸不慎致使包装破裂所造成的损失。

⑪ 锈损险。指承保货物在运输过程中，由于生锈所造成的损失。

 议题八

南通粮油贸易公司向日本出口大米 8000 公吨，投保平安险并附加淡水雨淋险。该货轮在航行途中，因船上水管漏水，致使 200 多公吨大米受损。请分析，保险公司对该损失是否应给予赔偿？为什么？

（2）特殊附加险

特殊附加险是承保由于特殊外来风险所造成的全部或部分损失。主要有下列八种：

① 战争险。承保因战争、类似战争行为和敌对行为、武装冲突或海盗行为及由此引起的捕获、拘留、禁止和扣押所造成的损失，或各种常规武器所造成的损失，以及由于上述原因引起的共同海损牺牲、分摊和救助费用。

战争险的责任起讫是以水上危险为限，即自货物在起运港装上海轮或驳船时开始，直到目的港卸离海轮或驳船时为止。如果不卸离海轮或驳船，则从海轮到达目的地的当日午夜起算满 15 天，保险责任自行终止；如果在中途港转船，保险责任以海轮到达该港或卸货地点的当日午夜起算满 15 天为止,等到再装上续运海轮时恢复有效。

② 罢工险。承保货物因罢工者、被迫停工工人、参加工潮暴动和民变的人员采取行动,或任何人的恶意行为所造成的直接损失,以及上述行为所引起的共同海损的牺牲、分摊和救助费用。

罢工险不包括罢工等行为导致的间接损失,按战争险费率计收。按国际保险业惯例,如投保战争险再加保罢工险,不另增收保险费。罢工险的保险责任起讫,采取"仓至仓"条款。

③ 交货不到险。指不论任何原因,从承保货物装上船舶开始,不能在预定抵达目的地的日期起六个月内交货的,负责按全损赔偿。

④ 进口关税险。承保货物遭受保险责任范围以内的损失,而海关仍要求被保险人按完好货物价值完税时,保险公司对损失部分货物的进口关税负责赔偿。

⑤ 拒收险。其承保货物具备有效进口许可证的情况下,被进口国当局拒绝进口或没收,按货物的保险价值负责赔偿。

⑥ 舱面险。承保货物存放舱面时,除按保险单所载条款负责外,还包括被抛弃或被风浪冲击落水的损失。如果普通集装箱装在舱面,则视同舱内货物承保,货主不必加保舱面险。

⑦ 黄曲霉素险。承保险货物因所含黄曲霉素超过进口国的限制标准,被拒绝进口、没收或强制改变用途而遭受的损失。

⑧ 货物出口到香港(包括九龙)或澳门存仓火险责任扩展条款。承保货物运抵目的港香港(包括九龙在内)或澳门卸离运输工具后,如果直接存放于保险单载明的过户银行所指定的仓库,该保险对存仓火险的责任至银行收回押款解除货物的权益为止,或运输险责任终止时满 30 天为止。

议题九

大连粮油进出口公司向某国出口大豆 10000 公吨,用麻袋包装,投保平安险。货物运抵目的港时,恰逢港口工人罢工,并与警察发生冲突,这批大豆被当作掩体,损失惨重。请分析,该公司投保哪种附加险,保险公司才能对该损失负责赔偿? 为什么?

五、英国伦敦保险协会货物保险条款

英国伦敦保险协会是在国际上有较大影响的保险机构,其货物保险条款(Institute Cargo Clauses)在国际上被广为采用。于 1983 年 4 月 1 日起实施的伦敦保险协会货物新条款规定了以下六种险别:

协会货物条款(A)(Institute Cargo Clause A);

协会货物条款(B)(Institute Cargo Clause B);

协会货物条款(C)(Institute Cargo Clause C);

协会战争险条款(货物)(Institute War Clause-Cargo);

协会罢工险条款(货物)(Institute Strikes Clause-Cargo);

恶意损坏条款(Malicious Damage Clause)。

以上六种保险条款中,前三种,即协会货物条款(A)、(B)、(C)是主险。战争险、罢工险和恶意损害险为附加险条款。

1. 协会货物条款(A)的承保风险

协会货物条款(A)承保范围较广,采用了"一切险减去除外责任"的规定方式。其承保的风险范围如下:

① 承保除"除外责任"各条款规定以外的一切风险所造成的保险标的损失;

② 承保共同海损和救助费用;

③ 根据运输契约订有"船舶互撞责任"条款应由货方偿还船方的损失。

协会货物条款(A)的除外责任包括一般除外责任、不适航和不适货除外责任、战争险除外责任和罢工险除外责任等。但在条款(A)的除外责任中,不包括"海盗行为"和"恶意损害条款"。

2. 协会货物条款(B)的承保风险

协会货物条款(B)承保风险是采用"列明风险"的方式,其承保的风险范围如下:

① 归因于火灾、爆炸所造成的灭失和损害;

② 归因于船舶或驳船触礁、搁浅、沉没或倾覆所造成的灭失和损害;

③ 归因于运输工具倾覆或出轨所造成的灭失和损害;

④ 归因于船舶、驳船或运输工具同任何外界物体碰撞所造成的灭失和损害;

⑤ 归因于在避难港卸货所造成的灭失和损害;

⑥ 归因于地震、火山爆发或雷电所造成的灭失和损害;

⑦ 共同海损的牺牲引起的保险标的损失;

⑧ 由于抛货或浪击入海引起的保险标的损失;

⑨ 由于海水、湖水或河水进入船舶、驳船、运输工具、集装箱、大型海运箱或贮储处所引起的保险标的损失;

⑩ 货物在装卸时落海或跌落造成整件的全损。

协会货物条款(B)的除外责任是在条款(A)的除外责任基础上,再加上条款(A)承保的"海盗行为"与"恶意损害"。

3. 协会货物条款(C)的承保风险

协会货物条款(C)的承保风险比条款(B)少,它只承保"重大意外事故"的风险,而不承保条款(B)中的自然灾害(如:地震、火山爆发、雷电等)和非重大意外事故(如:装卸过程的整件灭失等)。

协会货物条款(C)的除外责任与条款(B)相同。

协会货物保险主要险别的保险期限与我国海运货物保险的"仓至仓"大致相同。

以上六种险别中,(A)险相当于中国保险条款中的一切险,其责任范围更为广泛,故采用承保"除外责任"之外的一切风险的方式表明其承保范围;(B)险大体上相当于水渍险;(C)险相当于平安险,但承保范围较小些。(B)险和(C)险都采用列明风险的方式表示其承保范围。六种险别中,只有恶意损害险属于附加险别,不能单独投保,其他五种险别的结构相同,体系完整。因此,除(A)、(B)、(C)三种险别可以单独投保外,必要时,战争险和罢工险在征得保险公司同意后,也可作为独立的险别进行投保。

国际商务法律法规

第二节　国际海上货物运输保险合同的订立

国际海上货物运输保险合同是指被保险人按规定向保险人交纳保险费,当保险标的遭遇约定的海上风险和事故所引起的经济损失和产生的责任时,给予补偿的协议,是财产保险合同中的一种类型。

国际海上货物运输保险合同的订立,要经过要约与承诺两个环节。通常保险人事先拟订了格式保险条款,制作好保险单(要约邀请),意欲投保的被保险人填制投保单,向保险人提出保险申请(要约),经保险人无条件地接受,予以承保(承诺),签发保险单或保险凭证,保险合同即告成立。

 案例导入

江西玩具进出口公司与加拿大 TPA 公司签订了一份木质玩具销售合同,采用 CIF 贸易术语,数量为 9127 箱,成交总金额为 10 万美元,保险条款为发票总金额 110％投保中国人民保险公司海上货物运输保险条款(1981 年 1 月 1 日)中的一切险,开航日期与提单一致,航程为九江至蒙特利尔。为此,江西玩具进出口公司向中保财产保险有限公司江西分公司办理保险手续,根据合同的保险条款规定填写了投保单。该笔货物的保险金额为 11 万美元,一切险的保险费率为 1％,责任起讫期间为"仓至仓"条款。据此,保险公司向江西玩具进出口公司签发了保险单并收取了保险费。

根据海上货物运输保险合同的理论,请思考下列问题:

1. 海上货物运输保险合同的订立有哪些主要环节?
2. 海上货物运输保险合同的主要内容有哪些?
3. 海上货物运输保险合同内容变更的原因及其法律后果如何?
4. 海上货物运输保险合同的转让因果是什么?
5. 海上货物运输保险合同终止的原因及其法律后果怎样?

一、国际海上货物运输保险合同的内容

根据我国《海商法》规定,国际海上货物运输保险合同的内容如下:

1. 保险人名称

保险合同为格式合同,故保险人名称通常事先已经印制在合同上,是承担保险责任的法律依据。

2. 被保险人名称

在签订保险合同时填写被保险人的法定全称,通常为一人,如为多人时,需一一列明。

> **议题十**
>
> 江西玩具进出口公司与加拿大 TPA 公司签订了一份木质玩具销售合同,采用 CIF 贸易术语,为此向中保财产保险有限公司江西分公司办理保险手续。请分析,保险人与被保险人分别是谁?

3. 保险标的

我国《海商法》规定的国际海上货物运输保险合同的保险标的种类主要为：船舶、货物、船舶营运收入、货物预期利润和船员工资等。

> **议题十一**
>
> 江西玩具进出口公司与加拿大 TPA 公司签订了一份木质玩具销售合同，采用 CIF 贸易术语，为此向中保财产保险有限公司江西分公司办理保险手续。请分析，该保险的标的是什么？

4. 保险价值

保险价值是指被保险人投保的财产的实际价值。保险价值通常是由被保险人与保险人协商确定的，如事先没有确定，则依据法律规定来确认保险标的的保险价值。

5. 保险金额

保险金额是指被保险人向保险人实际投保的货币数额，是保险人进行赔偿的最高数额和计收保险费的依据。

> **议题十二**
>
> 江西玩具进出口公司与加拿大 TPA 公司签订了一份木质玩具销售合同，合同成交总金额为 10 万美元，保险条款为发票总金额 110％投保中国人民保险公司海上货物运输保险条款(1981 年 1 月 1 日)中的一切险。请分析，该笔货物的保险金额是多少？

6. 保险责任和除外责任

保险责任是指保险人对约定的危险事故造成的损失所承担的赔偿责任。保险人承保的风险可以分为保险单上所列举的风险和附加条款加保的风险两大类，前者为主要险别承保的风险，后者为附加险别承保的风险。除外责任就是保险人不承担责任的范围。

7. 保险期间

保险期间是指保险人承担保险责任的时效。海上货物运输保险合同主要有定期保险和航程保险两种。定期保险适用于船舶保险；航程保险多用于海上货物运输保险，是按照运输航程来计算的保险期间，通常采用"仓至仓"条款。

> **议题十三**
>
> 江西玩具进出口公司与加拿大 TPA 公司签订了一份木质玩具销售合同，采用 CIF 贸易术语，为此向中保财产保险有限公司江西分公司办理保险手续。该笔货物的保险金额为 11 万美元，一切险的保险费率为 1‰，责任起讫期间为"仓至仓"条款。请分析，该笔货物的保险期间是什么？

国际商务法律法规

8. 保险费

保险费是投保人向保险人支付的费用。保险费等于保险金额乘保险费率,而保险费率是保险人事先确定的,或与被保险人约定的。

议题十四

江西玩具进出口公司与加拿大 TPA 公司签订了一份木质玩具销售合同,采用 CIF 贸易术语,为此向中保财产保险有限公司江西分公司办理保险手续。该笔货物的保险金额为 11 万美元,一切险的保险费率为 1‰。请分析,该笔货物的保险费是多少?

海上货物运输保险合同实样

中保财产保险有限公司
The People's Insurance（Property）Company of China，Ltd.

发票号码
Invoice No.：_____

保险单号次
Policy No.：_____

海洋货物运输保险单
MARINE CARGO TRANSPORTATION INSURANCE POLICY

被保险人
Insured：_____

中保财产保险有限公司(以下简称本公司)根据被保险人的要求,及其所缴付约定的保险费,按照本保险单承担的险别和背面所载条款与下列特别条款承保下列货物运输保险,特签发本保险单。

This policy of Insurance witnesses that The People's Insurance（Property）Company of China，Ltd.（hereinafter called "The Company"）, at the request of the Insured and consideration of the premium paid by the Insured，undertakes to insure the under-mentioned goods in transportation subject to the condition of this Policy as per the Clauses printed overleaf and other special clauses attached hereon.

保险货物项目 Description of Goods	包装单位数量 Parking Unit Quantity	保险金额 Amount Insured

承保险别
Condition：_____

货物标记
Marks of Goods：_____

总保险金额
Total Amount Insured：_____

国际商务法律法规

保费	运输工具	开航日期
Premium：_____	Per conveyance S.S：_____	Slg. On or Abt：_____

起运港	目的港
From _____	To _____

所保货物,如发生本保险单项下可能引起索赔的损失或损坏,应立即通知本公司下述代理人查勘。如有索赔,应向本公司提交保险单正本(本保险单共有_____份正本)及有关文件。如一份正本已用于索赔,其余正本则自动失效。

In the event of loss or damage which·may result in a claim under this Policy, immediate notice must be given to the Company's Agent as mentioned hereunder. Claims, if any, one of the Original Policy which has been issued in _____Original(s) together with the relevant documents shall be surrendered to the Company. If one of the Original Policy has been accomplished, the others are to be void.

中保财产保险有限公司

THE PEOPLE'S INSURANCE (PROPERTY) COMPANY OF CHINA, LTD.

General Menager：

赔款偿付地点

Claim Payable at：_____

日期	在

Date _____ at _____

地址

Address：

二、国际海上货物运输保险合同的变更

1. 变更的内容

国际海上货物运输保险合同签订后,可在有效期内对合同中原约定的某些内容进行改变,合同的主体不变。具体事项有以下三个方面:

（1）航程变更

航程变更是指起运港变更,或目的港变更,或起运港和目的港都发生变更。如果航程变更发生在保险人承担保险责任开始之前,海上货物运输保险合同即告生效;如果发生在保险人承担保险责任开始以后,保险人对变更后发生的保险事故不承担责任。但是,由于被保险人无法控制的事由而引起的航程变更,保险人仍予以负责。

议题十五

江西玩具进出口公司与加拿大 TPA 公司签订了一份木质玩具销售合同,采用 CIF 贸易术语,为此向中保财产保险有限公司江西分公司办理保险,航程为九江至蒙特利尔。由于蒙特利尔港口拥挤,承运人只好将货物卸到附近港口。请分析,保险公司对这次航程变更期间所产生的损失仍负责赔偿吗? 为什么?

（2）中途绕航

中途绕航是指起运港和目的港不变，只改变航线。由于航线变化会引起航程时间的延长，增加保险标的风险和成本，保险人对绕航这一段时间内发生的因风险引起的损失不承担责任。如果因营救海上遇难的人或财产，或为救治船上急病患者而绕航，保险人对因其造成的保险标的损失，仍承担责任。

（3）船舶变更

船舶是海上货物的运输工具，其变更会增加保险标的的风险，保险人对船舶变更后的风险引起的损失不予以负责。

（4）保险标的的种类、数量、价值、投保险别的变更

保险标的的种类、数量、价值和投保险别的变更必然会增加或减少保险人的责任，因此被保险人需要更改这些内容时要向保险人提出变更要求。

2. 变更的程序

被保险人需要更改保险合同的内容时要向保险人提出变更申请，保险人进行审核，并收取相应的费用后签发批单，由此产生法律效力。

三、国际海上货物运输保险合同的转让

国际海上货物运输保险合同的转让是指由于保险标的的权益发生了转移而出现的被保险人变更。由于海上货物运输的范围广，流动性大，货物在运输途中发生所有权的转移事项经常发生，因此货物在运输保险合同中的保险利益也随之易主。国际海上货物运输保险合同的转让不需要保险人的同意，保险人对转让后的保险合同仍然承担责任。

议题十六

江西玩具进出口公司与加拿大 TPA 公司签订了一份木质玩具销售合同，采用 CIF 贸易术语，为此向中保财产保险有限公司江西分公司办理保险。货物装船后，江西玩具进出口公司在保险单的背面进行背书。请分析，该保险合同的受益人是谁？为什么？

四、国际海上货物运输保险合同的终止

国际海上货物运输保险合同的终止是指合同的双方当事人权利与义务关系的消灭。其主要有以下两种情形：

1. 自然终止

自然终止有两种情形：

① 保险单有效期限届满而终止；

② 保险标的因保险事故之外的原因而灭失，保险合同终止。

2. 履约终止

履约终止是指保险人对保险范围内的全损履行了赔偿责任，保险合同的责任即告终止。

3. 协议终止

协议终止是指保险合同的双方当事人按照订立合同时协议规定的终止事项,而解除合同。

4. 违约终止

违约终止指保险人因被保险人违法或违反约定事项而终止保险合同。

议题十七

　　江西玩具进出口公司与加拿大 TPA 公司签订了一份木质玩具销售合同,采用 CIF 贸易术语,为此向中保财产保险有限公司江西分公司办理保险。货物装船后,江西玩具进出口公司将保险单背书转让给 TPA 公司。货到达目的港,收货人经检验后提货销售。请分析,这属于海上货物运输保险合同终止的哪一种情形? 为什么?

第三节　国际海上货物运输保险合同的核赔

　　海上货物运输保险合同的核赔是海上保险业务的最后环节,是海上货物运输保险合同的履行,关系到保险人的经营信誉。

案例导入

　　海南粮油贸易公司从印度进口散装货物黄豆粕12000公吨(10％增减),采用 FOB 贸易术语,为此向中国平安财产保险有限责任公司海南分公司办理保险手续。该保险单记载:根据中国人民保险公司海洋运输货物保险条款(1981年1月1日)承保一切险、战争险和短量险;免赔数量为 0.5％。在装船前,印度检验公司对黄豆粕进行了检验,认定无发霉和异味,适合动物食用。该货到达目的港时,海南粮油贸易公司在提货时发现质量短缺,部分有异味,并及时向保险公司发出损失通知并提出检验申请。经商检部门对该货检验检疫,其结果为:①部分黄豆粕有发热与霉味现象,共为4927公吨;②豆粕总净重比提单记载的短少208公吨。据此,海南粮油贸易公司向保险公司提出赔偿,并按照保险单规定提交商检证书等全套索赔文件。保险公司在判定有关单证无异议的情况下,根据保险单有关规定作出理赔。

　　根据海上货物运输保险合同的理论,请思考下列问题:

1. 海上货物运输保险索赔的形式主要有哪些?
2. 海上货物运输保险索赔的程序有哪些主要环节?
3. 海上货物运输保险赔偿的原则是什么?
4. 海上货物运输保险理赔的程序及内容如何?

国际商务法律法规

一、海上货物运输保险的索赔

保险索赔是指被保险人就保险合同承保的风险所产生的损失要求保险人支付保险金的行为。当被保险人得知运输工具在途中遭遇意外事故,或在目的地港提货时发现货损,必须按保险单的规定向保险人办理索赔手续。

1. 索赔方式

（1）直接索赔

直接索赔是指被保险人以书面形式直接向保险人或其代理人提出索赔。其有两种情况:①直接责任索赔。不论导致货物受损的责任者为何方,被保险人根据"就近报损"的原则向离损失发生地最近的保险人或其代理人提出索赔。②转位责任索赔。被保险人先直接向导致货物受损的责任者提出索赔,不足部分再向保险人或起代理人提出索赔。

（2）间接索赔

间接索赔是指被保险人委托其代理人(保险经纪人)以书面形式向保险人或其代理人提出索赔。被保险人的代理人提出索赔时,必须出示被保险人的授权委托书。

2. 索赔时效

索赔时效是指被保险人向保险人提出索赔的法定时间。我国《海商法》规定,自保险事故发生之日起两年,在其最后六个月内因不可抗力或其他障碍不能行使请求权时,时效中止,并在不可抗力或障碍消除后继续计算。

3. 索赔程序

被保险人行使索赔权利时,通常有以下几个环节:

（1）损失通知

当被保险人得知被保险货物遭受损失时应及时通知保险人或代理人进行检验,并保持好受损货物的原有状态。保险人在接到损失通知后,提出施救意见,确定责任。损失通知以电话、传真等方式为佳,其内容通常包括保险单所载明的主要事项。

（2）申请检验

被保险人在向保险人发出损失通知的同时应提出货损检验申请,不得拖延。我国海洋货物运输保险条款规定,对承保货物的报损和申请检验的期限自保险责任终止日起 10 天内进行。

（3）向第三者责任方索赔

当保险货物到达目的地港后,被保险人在提货时发现货物包装有明显受损痕迹,或数量短缺,除及时向保险人报损和申请检验外,还必须立即向承运人、港务当局等相关责任方索取货损货差证明,并立即向其提出索赔并保留追偿的权利。不得在提货后提出索赔,因为按照运输合同的有关规定,如果被保险人不在检验货损时向承运人提出索赔,会导致保险人丧失追损权利,为此保险人也可拒绝向被保险人赔偿。

（4）合理施救

被保险货物受损后,被保险人必须迅速采取合理的抢救措施,防止或减少货物的损失,否则保险人可拒绝赔偿。

（5）索赔单据

被保险人向保险人提出索赔时必须提供的单据主要有:保险单或保险凭证正本、运输合

国际商务法律法规

同(如:海运提单)、发票、装箱单、承运人或港务当局的货损货差证明、检验报告、索赔清单等单据。

被保险人在办妥有关索赔手续后,等待保险人的最后审定责任,领取赔款。如果未能及时得到赔款的通知,应及时予以催赔。

二、海上货物运输保险的理赔

理赔是保险人根据约定的保险事故发生后承担的赔偿责任,支付保险合同规定的赔偿金额。

1. 海上货物运输保险赔偿的原则

海上货物运输保险的赔偿应遵循如下原则:

(1) 重合同守信用

保险人应尊重和维护被保险人的合法权益,重合同守信用,根据保险合同的规定对被保险人的经济损失予以赔偿,提高保险人的声誉。

(2) 适当赔偿

保险人应合情合理给予被保险人的损失进行赔偿,要做到适当,既不能赔偿不足,也不能超额赔偿。

(3) 遵守国际法规和惯例

海上保险是一种涉外性保险,其赔偿往往要涉及到有关的国际法规和惯例。因此,要严格按照这些国际法规和惯例来处理赔案。

2. 海上货物运输理赔的程序

海上货物运输保险理赔的程序及内容如下:

(1) 立案登记

当保险人或其代理人接到被保险人的损失通知后,应立即核查保险单底,填写赔案登记簿。其内容应包括:保单编号、保险标的、保险金额、运输工具名称和损失情况等。当理赔结束后还要补上处理结果,以便日后查询。

(2) 查勘检验

保险人或其代理人在收到损失通知后,应立即派有关业务人员赴现场进行查勘检验,确定导致货损货差的直接原因。

(3) 核赔定损

保险人在接到索赔申请后必须对其损失是否承担赔偿予以确定,属于保险责任范围内的损失应及时给予赔偿,除此以外可以拒赔。同时还要确定保险的有效期是否有效。

(4) 给予赔款

赔案经过计算后要缮制赔款计算书作为赔款的依据。当对被保险人进行理赔后还要填制赔款收据,证明被保险人已经收到赔款,并且还表明该货物的权益已转让给保险公司,使得保险公司有权进行追查。

(5) 海上货物运输保险的追偿

海上货物运输保险追偿是指保险人根据代位求偿权向第三者索赔的一种行为。追偿成功可以补偿保险人的赔款损失,维护自身的经济利益,也是督促有关责任方认真履约,承担其对货物损失的应有责任。

国际商务法律法规

根据我国《海商法》的规定，海上运输货物保险追偿的时效为自交货之日起一年。

知识链接

代 位 求 偿

　　代位求偿权是指当保险标的遭受保险事故造成的损失，依法应由第三者承担赔偿责任时，保险人自支付保险赔偿金之日起，在赔偿金额的限度内，相应取得向第三者请求赔偿的权利。我国《保险法》与《海商法》都规定了代位追偿原则，根据《保险法》第45条的规定，因第三者对保险标的损害而造成保险事故的，保险人自向被保险人赔偿保险金之日起，在赔偿金额范围内代位行使被保险人对第三者请求赔偿的权利。根据《海商法》第252条的规定，保险标的发生保险责任范围内的损失是由第三人造成的，被保险人向第三人要求赔偿的权利，自保险人支付赔偿金之日起，相应转移给保险人。

　　保险人取得代位求偿权需具备以下条件：

　　① 保险人已经向被保险人进行了实际赔付；

　　② 被保险人有向责任方索赔的权利。可见，代位求偿权实际上是一种损害赔偿请求权的转移，而且代位求偿权的范围不得超过保险人的赔偿金额。

第七章 国际商务中的出入境管理制度
——进出口管理条例、检验法、海关法

　　国际商务中的出入境管理制度是为了规范货物进出口管理，维护货物进出口秩序，促进对外贸易健康发展而建立起来的。各国都制定了一系列相关的法律、法规。在我国，有关出入境管理方面的法律、法规主要有：《中华人民共和国货物进出口管理条例》、《中华人民共和国对外贸易法》、《中华人民共和国进出口商品检验法》、《中华人民共和国进出境动植物检疫法》、《中华人民共和国食品卫生法》、《中华人民共和国海关法》和《中华人民共和国货物进出口管理条例》等。

第一节　进出口商品配额与许可证管理制度

进出口商品配额与许可证管理制度是世界上大多数国家普遍采用的管理进出口贸易秩序的重要工具。它根据国家有关法律、法规对进出口经营权、经营范围、贸易国别和进出口商品的品种等实行有效监测，通过政府有关行政机构发放进出口商品配额、签发进口货物许可证或出口货物许可证来进行全面管理。它已成为我国出入境管理制度中的重要内容之一。

案例导入

江苏进出口贸易公司，在今年春季华交会上向加拿大皮特贸易公司的 PETER 先生就本公司参展的上海牌 26 英寸和 28 英寸山地自行车进行了热情、详细地介绍，并呈送了大量的资料。数日后，王缤小姐向皮特贸易公司发出发盘。该公司经理 PETER 先生经过研究接受该发盘的全部交易条件，并与江苏进出口贸易公司签订了贸易合同，采用电汇结算方式。

由于出口的山地自行车（商品编码为 87120030）属于许可证管理范围内的商品。对此，江苏进出口贸易公司向江苏省商委主管配额许可证部门申请签发出口货物许可证，并提供有关资料。数日后，经江苏省商委主管配额许可证部门核准后，向江苏进出口贸易公司签发出口货物许可证。

根据《中华人民共和国货物进出口管理条例》的有关规定，请思考下列问题：

1. 进出口商品配额与许可证管理的范围有哪些？
2. 进出口货物许可证的签发机构是哪些部门？
3. 进出口货物许可证的有效期限有何具体规定？
4. 配额与许可证管理部门的法律责任有哪些具体内容？
5. 进出口经营者法律责任的具体内容有哪些？

一、我国进出口商品配额与许可证管理的有关规定

配额管理是指国家在一定时期对于某种商品的进出口数量或金额直接加以限制的管理措施，在规定的期限和配额范围以内的货物准许进口或出口。许可证管理是指国家规定的限制进出口货物，必须事先取得进口货物许可证或出口货物许可证，方能入境或出境。《中华人民共和国对外贸易法》第十九条规定，国家对限制进口或者出口的货物，实行配额、许可证等方式管理；对限制进口或者出口的技术，实行许可证管理。目前，我国采用配额许可证管理的措施，即配额与许可证结合使用，需要配额管理的商品必须要申领许可证。

1. 进出口商品配额与许可证管理的范围

（1）我国进口货物配额与许可证管理的范围

根据《中华人民共和国货物进出口管理条例》的规定，对国家有数量限制规定的限

制进口货物,实行配额管理;其他限制进口货物,实行许可证管理。自2002年起,我国实行进口货物配额与许可证管理的商品有12种,共170个8位商品编码。其中实行进口配额许可证管理的商品有成品油、天然橡胶、汽车轮胎、汽车及其关键部件、摩托车及其关键部件、照相机及其机身、手表和汽车起重机及其底盘等8种商品;实行进口货物许可证管理的商品有光盘生产设备、监控化学品、易制毒化学品和消耗臭氧层物质等4种商品。

（2）我国出口货物配额与许可证管理的范围

2002年起,我国实行出口货物配额与许可证管理的商品有54种,共332个8位商品编码。其中实行出口配额许可证管理的商品有玉米、大米、小麦、棉花、茶叶、食糖、锯材、活牛(对港澳)、活猪(对港澳)、活鸡(对港澳)、蚕丝类、坯绸、棉坯布(对日、韩)、煤炭、焦炭、原油、成品油、稀土、锑砂、锑(包括锑合金)及锑制品、氧化锑、钨砂、仲钨酸铵及偏钨酸铵、三氧化钨及蓝色氧化钨、钨酸及其盐类、钨粉及其制品、锌矿砂、锌及锌基合金、锡矿砂、锡及锡基合金、白银、定尺碳素钢板(对美国)、石蜡;实行出口配额招标的商品有蔺草及蔺草制品、碳化硅、氟石块(粉)、滑石块(粉)、轻(重)烧镁、大蒜(对韩国出口,共8个商品编码);实行出口配额有偿使用的商品有矾土、人造刚玉、甘草及甘草制品;实行出口配额无偿招标管理的商品有电风扇、自行车、摩托车及摩托车发动机;实行出口许可证管理的商品有活牛(对港澳以外市场)、活猪(对港澳以外市场)、活鸡(对港澳以外市场)、牛肉、猪肉、鸡肉、大蒜(对韩国以外市场)、重水、消耗臭氧层物质、监控化学品、易制毒化学品、铂金(以加工贸易方式出口)、电子计算机。

2. 进出口货物许可证的签发机构

我国进出口货物许可证的审核与签发分别为:

① 商务部配额许可证事务局;

② 商务部驻各地特派员办事处;

③ 各省、直辖市、自治区的经贸委(厅、局)。

3. 进出口货物许可证的有效期限

申请签发进出口货物许可证的单位必须按照商务部规定的要求填写《进口货物许可证申请表》或《出口货物许可证申请表》并随附有关证明。申领国家配额限制商品的进出口货物许可证,还应提供进出口配额证明。进口许可证管理部门自收到申请之日起30天内,对予以核准的发放具配额证明或许可证。

① 进口配额证明的有效期为3个月,在有效期内没有申领进口许可证的,一律作废。

② 进口许可证有效期为一年。

③ 实行出口配额管理商品的出口许可证有效期为6个月,出口许可证需要跨年度使用时,有效期的截止日期不得超过次年2月底。

④ 不实行"一批一证"制的商品、外资企业和补偿贸易项下的出口商品,其许可证有效期自发证之日起最长为6个月,可以多次报关使用,但最多不能超过12次。

国家实行配额或许可证管理的商品在进出口通关时,必须要向海关提交进口货物许可证或出口货物许可证,否则不予以办理出入境报关手续。

议题一

　　江苏进出口贸易公司与加拿大皮特贸易公司就山地自行车签订了贸易合同。由于出口的山地自行车(商品编码为 87120030)属于许可证管理范围内的商品。对此,江苏进出口贸易公司向江苏省商委主管配额许可证部门申请签发出口货物许可证,并获得准许。请分析,山地自行车具体属于出口货物配额与许可证管理的哪个范围? 该许可证有效期的规定如何?

二、我国对进口特定机电产品管理的有关规定

　　机电产品是指机械设备、电气设备、交通运输工具、电子产品、电器产品和仪器仪表等及其零部件、元器件。不包括虽然为机械、电气、电子设备所生产的,但本身无机械、电气、电子性能的产品,以及各类体育用具、玩具。

1. 机电产品进口配额的范围及管理制度

(1) 机电产品进口配额的范围

　　商务部会同海关总署编制机电产品进口配额目录,其规定的机电产品进口配额管理范围有:进口配额管理机电产品的零部件构成整机特征的;加工贸易项下进口配额管理机电产品用于生产内销产品或留作自用的;外商投资企业进口配额管理机电产品用于生产内销产品或内销的;租赁贸易、补偿贸易等贸易方式进口配额管理机电产品的;以无偿援助、捐赠或者经济往来赠送等方式进口配额管理机电产品的;我国驻外机构或者境外施工企业在境外购置配额管理机电产品,需调回自用的;其他法律、行政法规另有规定的。

(2) 机电产品进口配额的管理制度

　　属于配额管理的进口机电产品,申请进口单位应当填写《机电产品进口申请表》,经有关的地方外经贸主管机构、部门机电办核实后,向商务部申领《机电产品进口配额证明》,凭其申领《进口配额许可证》,并作为向海关申报的依据。

2. 机电产品自动进口许可的范围及管理制度

(1) 机电产品自动进口许可的范围

　　国家对实行配额管理和特定产品目录管理以外的机电产品实行自动进口许可管理。其具体范围是:

　　① 由各省、直辖市、自治区的经贸委机电产品进出口办公室签发的商品共 540 种。如:过热水锅炉、机车用柴油机、液压马达、混凝土泵、离心通风机、炼焦炉、石灰石分解炉、热交换装置、工业用静电除尘器、载客电梯、精梳机、热轧管机、显示器、激光打印机、扫描仪、电缆、病员监护仪等。

　　② 由商务部配额许可证事务局签发的商品共 74 种。如:机动车辆上供人使用的空气调节器、棉细纱机、气流纺纱机、注塑机、激光视盘放像机、无线寻呼机、无线电通信车、机动医疗车、X 射线断层检查仪等。

(2) 机电产品自动进口许可的管理制度

　　属于自动进口许可管理的进口机电产品,申请进口单位应当如实填写《机电产品进口申请

表》，经相关的地方外经贸主管机构、部门机电办核实后，签发《自动进口许可证》，凭其向银行办理售付汇通关手续。《自动进口许可证》的有效期为一年，可办理延期，但只能延期一次。

**议题二**

　　南京机电进出口公司受江苏塑料制品有限公司的委托，从日本进口注塑机五台，为此南京机电进出口公司与日本客户大川商社签订了一份注塑机购货合同。请分析，按有关规定进口注塑机需要办理什么手续？有关部门需出具什么证件？如果超过该证件的有效期是否可办理延期？

3. 许可证管理部门的法律责任

　　① 进口许可证管理部门应当根据《中华人民共和国货物进出口管理条例》的规定，制定具体管理办法，对申请人的资格、受理申请的部门、审查的原则和程序等事项作出明确规定，并在实施前予以公布。

　　② 对实行配额管理的限制进口货物，进口配额管理部门应当在每年 7 月 31 日前公布下一年度进口配额总量；对实行配额管理的限制出口货物，出口配额管理部门应当在每年 10 月 31 日前公布下一年度出口配额总量。

　　③ 进口许可证管理部门应当自收到进口经营者的申请之日起 30 天内决定是否予以批准。

　　④ 各发证机构要严格按照进口分级发证范围目录签发进口许可证，严禁越权、无批件或超配额发证。根据《中华人民共和国货物进出口管理条例》第七十条的规定，货物进出口管理工作人员在履行货物进出口管理职责中，滥用职权、玩忽职守或者利用职务上的便利收受、索取他人财物的，依照刑法关于滥用职权罪、玩忽职守罪、受贿罪或者其他罪的规定，依法追究刑事责任；尚不够刑事处罚的，依法给予行政处分。

4. 进出口经营者的法律责任

　　根据《中华人民共和国货物进出口管理条例》第六十四条、第六十五条、第六十六条、第六十七条和第六十八条的规定，进出口经营者应承担下列法律责任。

　　① 进口或者出口属于禁止进出口的货物，或者未经批准、许可擅自进口或者出口属于限制进出口的货物的，依照《刑法》关于走私罪的规定，依法追究刑事责任；尚不够刑事处罚的，依照《海关法》的有关规定处罚；国务院外经贸主管部门可以撤销其对外贸易经营许可。

　　② 擅自超出批准、许可的范围进口或者出口属于限制进出口的货物的，依照《刑法》关于走私罪或者非法经营罪的规定，依法追究刑事责任；尚不够刑事处罚的，依照《海关法》的有关规定处罚；国务院外经贸主管部门可以暂停直至撤销其对外贸易经营许可。

　　③ 伪造、变造或者买卖货物进出口配额证明、批准文件、许可证或者自动进口许可证明的，依照《刑法》关于非法经营罪或者伪造、变造、买卖国家机关公文、证件、印章罪的规定，依法追究刑事责任；尚不够刑事处罚的，依照《海关法》的有关规定处罚；国务院外经贸主管部门并可以撤销其对外贸易经营许可。

　　④ 以欺骗或者其他不正当手段获取货物进出口配额、批准文件、许可证或者自动进口许可证明的，依法收缴其货物进出口配额、批准文件、许可证或者自动进口许可证明；国务院外经贸主管部门可以暂停直至撤销其对外贸易经营许可。

⑤ 擅自从事实行国营贸易管理或者指定经营管理的货物进出口贸易,扰乱市场秩序,情节严重的,依照《刑法》关于非法经营罪的规定,依法追究刑事责任;尚不够刑事处罚的,由工商行政管理机关依法给予行政处罚;国务院外经贸主管部门可以暂停直至撤销其对外贸易经营许可。

《中华人民共和国对外贸易法》第六十一条也有上述规定,进出口属于禁止进出口的货物的,或者未经许可擅自进出口属于限制进出口的货物的,由海关依照有关法律、行政法规的规定处理、处罚;构成犯罪的,依法追究刑事责任。

> **议题三**
>
> 温州进出口公司受浙江文化用品有限公司的委托,从日本进口激光打印机一万台,为此与日本客户谷川商社签订了一份购货合同。由于该公司业务员不知激光打印机是属于机电产品自动进口许可范围的,事先未申请签发《自动进口许可证》。货到达目的港后,海关不准报关,但温州进出口公司又非常急需这批货物。于是,公司的业务员贿赂海关有关工作人员,将货物提走。请分析,根据有关规定,该事件属于什么性质?当事人应承担怎样的法律责任?

第二节　出入境检验检疫管理制度

出入境检验检疫管理制度是指检验检疫部门或机构依照进出口国有关法律、行政法规及国际惯例的要求,对出入境的货物、交通运输工具、人员等进行检验检疫、认证和签发官方检验检疫证明等监督管理工作,是为了保障国家安全、维护国民健康、保护动植物和环境而采取的技术法规以及行政措施。

 **案例导入**

上海贸易公司是一家专业进出口贸易公司,主要代理自行车等进出口业务,拥有五名报检员并向上海出入境检验检疫局办理了登记注册。近日,该公司接受上海自行车有限公司的委托向日本客商山本商社出口一批自行车。为此,上海贸易公司与山本商社进行贸易洽谈,并签订了合同。上海贸易公司报检员丸莉(报检员证号:3100607777)在办理报检手续时,将一般贸易方式的货物报为来料加工,逃避法定检验。经上海出入境检验检疫局的核查,发现其作假行为,后果严重,对上海贸易公司与报检员丸莉作出了处罚。

根据《中华人民共和国进出口商品检验法》的有关规定,请思考下列问题:

1. 主管出入境检验检疫工作的机构是哪些部门?
2. 出入境检验检疫工作的主要内容有哪些?
3. 报检单位的管理有哪些具体规定?
4. 报检员的管理有哪些具体内容?

一、出入境检验检疫机构

国家质检总局负责全国出入境检验检疫的统一管理工作,各地直属检验检疫局负责所辖地区的出入境检验检疫管理工作。1998 年 3 月,国家进出口商品检验局、国家动植物检疫局和国家卫生检疫局合并组建为国家出入境检验检疫局,主管全国出入境卫生检疫、动植物检疫和商品检验工作。2001 年 4 月,根据党中央国务院的决定,原国家出入境检验检疫局和国家质量技术监督局合并,组建了正部级的国家质量监督检验检疫总局。原国家出入境检验检疫局设在各地的出入境检验检疫机构、管理体制及业务不变。

二、出入境检验检疫工作的主要内容

1. 法定检验检疫

法定检验检疫又称强制性检验检疫,是指出入境检验检疫机构根据《进出口商品检验法》、《进出境动植物检验检疫法》、《国境卫生检疫法》和《中华人民共和国食品卫生法》及其实施条例,以及其他有关法律、法规的规定,对出入境人员、货物、运输工具、集装箱及其他法定检验检疫物实施检验、检疫和鉴定等业务。

> **议题四**
>
> 宁波出入境检验检疫机构在对出境的上海远洋公司所属"抚顺城"轮执行检查时,发现船上三名食品从业人员持有的健康证书已经过期,要求其必须办理换证签发手续。对此,船长以出航时间紧迫为由,不同意立即换证,抵制卫生监督。于是,卫生检疫机构作出不准出航并罚款人民币 5000 元的决定。请分析,卫生检疫的意义有哪些?

除国家法律、行政法规规定必须由出入境检验检疫机构检验检疫的货物以外,输入国规定必须凭检验检疫机构出具的证书方准入境的或有关国际条约规定须经检验检疫机构检验检疫的进出境货物,货主或其代理人也应在规定的时限和地点向检验检疫机构报检。

2. 进出口商品检验

进出口商品检验的范围与规定如下:

① 列入《出入境检验检疫机构实施检验检疫的进出境商品目录》(简称《目录》)内的商品,检验检疫部门依法实施检验,判定其是否符合国家技术规范的强制性要求。

② 法律、法规规定的必须检验检疫的出入境货物,如:废旧物品等,其无论是否在《目录》内,均应当向检验检疫机构申报。

③ 检验检疫机构可对法定以外的进出口商品,依据有关规定实施抽查检验,并可公布抽查检验结果,或向有关部门通报。

④ 检验检疫机构根据需要,对检验合格的进出口商品加施检验检疫标志或者封识。

议题五

2007 年 4 月,巴拿马检验检疫机构查出来自中国的牙膏含有微量二甘醇,认为其不符合卫生要求,禁止进口。对此,我国质量检验机构的评估表明:长期使用二甘醇含量低于 15.6％的牙膏不会对人体健康产生不良影响。由于考虑到各国检验标准的差异和贸易发展的需要,我国质量检验机构发出公告,禁止用二甘醇作为牙膏原料。请分析,商品检验社会化评价的意义是什么?

3. 动植物检疫

动植物检疫的范围与规定如下:

① 检验检疫机构对进境、出境、过境的动植物、动植物产品和其他检疫物实行检疫监管。对进境动物、动物产品、植物种子、种苗及其他繁殖材料、新鲜水果、烟草类、粮谷类及饲料、豆类、薯类和植物栽培介质等实行进境检疫许可制度,输入单位在签订合同前办理检疫审批手续;对出境动植物、动植物产品或其他检疫物的生产、加工、存放过程实施检疫监管。

② 口岸检验检疫机构对来自动植物疫区的运输工具实施现场检疫和有关消毒处理。

③ 检验检疫机构对装载动植物、动植物产品和其他检疫物的装载容器、包装物、铺垫材料,实施检疫监管。

④ 检验检疫机构对携带、邮寄动植物、动植物产品和其他检疫物进境实行检疫监管。

⑤ 检验检疫机构对进境拆解的废旧船舶,实行检疫监管。

⑥ 法律法规、国际条约和贸易合同所规定的,应实施进出境动植物检疫的其他货物和物品。对于国家列明的禁止进境物,检验检疫机构作退回或销毁处理。

4. 进口废物原料、旧机电产品装运前的检验

进口废物原料和旧机电产品装运前的检验范围与规定如下:

① 国家允许作为原料进口的废物和涉及国家安全、环境保护、人类和动植物健康的旧机电产品,在装运前实施检验制度。其可防止境外有害废物,或不符合我国有关安全、卫生和环境保护等技术规范强制性要求的旧机电进入国内,从而有效地保护了人身财产和自然环境的安全。

② 进口单位应在合同中订明进口废物装运前的检验条款,在进口废物原料之前应取得国家环保总局签发的《进口废物批准证书》。出口商应在装船前向检验检疫机构指定或认可的检验机构申请实施装运前检验,经检验合格后方可装运。

③ 进口单位须进口旧机电产品时,应在签订合同前向国家质检总局或收货人所在地直属检验检疫局办理备案手续,需要实施装运前检验的,必须进行检验。

④ 检验检疫机构仍可按规定对已实施装运前检验的废物原料和旧机电产品,在运抵口岸后实施到货检验。

议题六

某市一家医院接受国外捐赠的一台可移动式麻醉机,根据规定办理报检手续并随附进口许可证(进口许可证上标明该设备为"新"字样)。出入境检验检疫机构经检验,该设备有使用过的明显迹象,属于禁止进口的旧机电产品,于是给予销毁。请分析,检验检疫机构这样处理的依据是什么?

国际商务法律法规

5. 出口商品质量许可和卫生注册管理

出口商品质量许可和卫生注册管理的范围与规定如下：

① 实施质量许可制度的出口商品有机械、电子、轻工、机电、玩具、医疗器械和煤炭类等，这些商品出口必须由生产企业或其代理人向当地检验检疫机构申请出口商品质量许可证书，否则不准出口。

② 国家对出口食品及其生产企业（包括加工厂、屠宰场、冷库、仓库等）实施卫生注册登记制度。企业只有取得卫生注册登记证书后，方可生产、加工和储存出口食品。

6. 出口危险货物运输包装的检验

出口危险货物运输包装检验的范围与规定如下：

① 生产出口危险货物运输包装容器的企业，必须向检验检疫机构申请包装容器的性能鉴定，鉴定合格后才可用于包装危险的出口货物。

② 生产出口危险货物的企业，必须向检验检疫机构申请危险货物包装容器的使用鉴定，当鉴定合格后，方可包装危险出口货物。

7. 货物装载和残损鉴定

货物装载和残损鉴定的范围与规定如下：

① 用冷冻船舱与集装箱装运易腐烂变质的出口食品，承运人、装箱单位或者其代理人须在装运前向口岸检验检疫机构申请清洁、卫生、冷藏、密固等适载的检验，经检验合格后方可装运。

② 对外贸易关系人及仲裁、司法等机构，对海运进口商品可向检验检疫机构申请办理监视、残损鉴定、监视卸载等鉴定工作。

三、报检单位的管理

报检单位是指根据《中华人民共和国进出口商品检验法》及其实施条例、《中华人民共和国进出境动植物检疫法》及其实施条例、《中华人民共和国国境卫生检疫法》及其实施细则、《中华人民共和国食品卫生法注》等法律、法规的规定及《出入境检验检疫报检规定》、《出入境检验检疫代理报检管理规定》、《出入境检验检疫报检员管理规定》的要求，在出入境检验检疫机构登记备案或登记注册的境内企业法人、组织或个人。按其登记的性质，报检单位可分为自理报检单位和代理报检单位两种类型。

1. 自理报检单位

自理报检单位是指根据我国法律、法规的规定办理出入境检验检疫报检申报，或委托代理报检单位办理出入境检验检疫报检申报手续的出入境货物或其他报检物的收发货人、进出口货物的生产、加工、储存和经营单位等，其须办理备案登记手续，取得报检单位代码后，才可办理相关检验检疫报检申报手续。

自理报检单位主要有：具有进出口经营权的国内企业；进口货物的收货人或其代理人；出口货物的生产企业；出口货物运输包装及出口危险货物运输包装生产企业；中外合资、中外合作、外商独资企业；国外（境外）企业、商社常驻中国代表机构；进出境动物隔离饲养和植物繁殖生产单位；进出境动植物产品的生产、加工、存储、运输单位；对进出境动植物、动植物产品、装载容器、包装货物、交通运输工具等进行药剂熏蒸和消毒服务的单位；有进出境交换业务的科研单位。

(1) 自理报检单位的备案登记

国家质检总局负责全国自理报检单位的统一管理工作,各地直属检验检疫局负责所辖地区自理报检单位备案登记等工作的组织实施,各地检验检疫机构负责辖区内自理报检单位的备案登记和信息更改,根据实际情况对自理报检单位的备案信息定期进行核实和日常监督管理等具体管理工作。

自理报检单位备案登记申请人可直接向其工商注册所在地的检验检疫机构提出申请办理备案登记手续,并提交《自理报检单位备案登记申请表》正本、《企业法人营业执照》复印件、《组织机构代码证》复印件和其他有关证明材料。检验检疫机构对申请人提供的资料进行审核,核准后予以备案登记,并颁发《自理报检单位备案登记证明书》。

(2) 自理报检单位的变更

自理报检单位备案登记的信息如有变动,须及时向原备案登记机构提出更改申请,涉及到自理报检单位的名称、地址和法定代表人的,由检验检疫机构重新颁发《自理报捡单位备案登记证明书》。如不按规定办理更改手续,造成无法落实检验检疫等严重后果的,按相关法律、法规的规定处理。

(3) 自理报检单位备案登记终止

备案登记期满后,须重新进行备案登记。备案登记如要终止,自理报检单位应以书面形式向原备案登记机构办理注销手续,经其核准后予以注销。

(4) 自理报检单位备案登记年审

检验检疫机构对自理报检单位实行年审制度。申请单位通过中国电子检验检疫业务网进行网上申请年审,打印出《自理报检单位备案年审申请表》,并持《自理报检单位备案年审申请表》、原发《自理报检单位备案登记证明书》到检验检疫机构进行现场审核。检验检疫机构受理后向其颁发统一加盖当地检验检疫局公章的《自理报检单位备案登记证明书》。《自理报检单位备案登记证明书》五年有效,到期后由自理报检单位申请换发新证。

自理报检单位应遵守属地管理原则,如果自理报检单位及其已注册的报检员需前往注册地以外的检验检疫机构报检,由检验检疫机构核实其提供的自理报检单位备案登记信息后予以受理,并按照有关规定进行管理,无需在异地办理备案登记和报检员注册手续。

(5) 自理报检单位的权利

① 自理报检单位根据检验检疫法律、法规的规定,有权依法办理出入境货物、人员、运输工具、动植物及其产品等与其相关的报检或申报手续;

② 自理报检单位按有关规定办理报检,提供抽样和检验检疫的各种条件后,有权要求检验检疫机构在国家质检总局统一规定的检验检疫期限内完成检验检疫工作,并出具证明文件。如因检验检疫工作人员玩忽职守造成损失,或入境货物超过索赔期而丧失索赔权,或出境货物耽误装船结汇的,报检人有权追究当事人的责任;

③ 自理报检单位对检验检疫结果有异议的,有权在规定的期限内向原检验检疫机构或其上级检验检疫机构以至国家质检总局申请复验;

④ 自理报检单位在保密情况下提供有关商业及运输单据时,有权要求检验检疫机构及其工作人员予以保密;

⑤ 自理报检单位有权对检验检疫机构及其工作人员的违法、违纪行为,进行控告或检举。

议题七

星华食品进出口公司受某食品加工厂的委托从英国进口了10公吨牛肉,由该市动植物检疫机构工作人员韩某负责对进口牛肉的检疫工作。检疫时,韩某没有认真地按照进出口动植物检疫的有关规定检疫,没有查出疯牛病病毒,结果导致该地养牛感染了疯牛病,被迫将附近养牛场的几千头牛全部宰杀。请分析,受害单位可根据什么规定来进行维权?

（6）自理报检单位的义务

① 自理报检单位须遵守有关国家法律、法规和检验检疫规章,对报检的真实性负责。

② 自理报检单位应当按照检验检疫机构的要求聘用报检员,由报检员持《报检员证》办理报检手续,并对其进行管理,对其报检行为承担法律责任。

③ 自理报检单位应提供正确、齐全、合法和有效的证单,完整、准确、清楚地填制报检单,并在规定的时间和地点办理报检手续。

④ 自理报检单位在办理报检手续后,应当按要求及时与检验检疫机构联系工作,协助检验检疫工作人员进行现场检验检疫、抽(采)样及检验检疫处理等事宜,提供进行抽(采)样和检验检疫、鉴定等必要的工作条件,落实检验检疫机构提出的检验检疫监管及有关要求。

⑤ 自理报检单位对已经检验检疫合格放行的出口货物应加强批次管理,不得错发、错运、漏发,以免造成货证不符。对入境的法定检验检疫货物,未经检验检疫合格或未经检验检疫机构许可的,不得销售、使用、拆卸和运递。

⑥ 自理报检单位在申请检验检疫或鉴定等工作时,应按照规定缴纳检验检疫费用。

2. 代理报检单位

代理报检单位是指经检验检疫机构注册登记,依法接受有关关系人委托,为有关关系人办理报检申报业务,在工商行政管理部门注册登记的境内企业法人。其主要类型有:专业代理报检单位;国际货物运输代理报检单位;国际船务运输代理报检单位。

（1）代理报检单位的注册登记

国家质检总局对代理报检单位实行注册登记制度。从事出入境检验检疫代理报检工作的单位须办理注册登记,取得《代理报检单位注册登记证书》,才可在许可的报检区域内从事指定范围的代理报检业务。

① 代理报检单位申请注册登记的条件。代理报检单位申请注册登记必须符合下列条件:A. 申请单位应取得工商行政管理部门颁发的《企业法人营业执照》或《营业执照》;B. 申请单位注册资金应在人民币150万元以上;C. 申请单位应具备固定经营场所以及符合开展代理报检业务所需的条件和设施;D. 申请单位应有健全的代理报检管理制度;E. 申请单位应拥有不少于十名经检验检疫机构考试合格并取得《报检员资格证》的人员,并与每个报检员签有合法的《劳动合同》,为每个报检员缴纳社会保险;F. 申请单位应提交声明符合《出入境检验检疫代理报检管理规定》的有关条款;G. 申请单位还须符合国家质检总局规定的其他条件。

② 代理报检单位申请注册登记。代理报检单位注册登记实行网上申请、书面确认的方式，并应在规定的申请时间内向所在地检验检疫机构提交申请及所需材料。申请单位提交的书面材料应包括：《代理报检单位注册登记申请书》、企业声明、《企业法人营业执照》复印件、《组织机构代码证》复印件、拟任报检员的《劳动合同》与《报检员资格证》复印件、申请单位的印章印模、《公司章程》复印件、《验资报告》复印件、申请单位有关代理报检的管理制度的复印件和国家质检总局要求的其他材料。

如为非独立法人的分公司，除提供以上材料外，还须提供总公司的授权书及总公司《企业法人营业执照》复印件，并加盖总公司公章。

(2) 代理报检单位的变更

代理报检单位在取得注册登记证书或备案登记证书后，登记信息如发生变更，应在 15 日内向所在地直属检验检疫局现场提交《报检单位注册登记/备案信息更改申请表》和《代理报检单位注册登记证书》复印件等资料，办理信息更改手续；如更换证书的须交还原件；涉及公司名称、法定代表人、注册地址等内容的更改，需提供已办理更改的工商营业执照及组织机构代码证复印件；如增加报检员资格证人员，要提供增加人员《报检员资格证》、身份证和《劳动合同》或《劳动手册》（复印件和正本）；如删除报检员资格证人员，要提供《单位退工证明》复印件（盖公章）。所在地直属检验检疫局受理并核准后，给予更改。代理报检单位不得随意更改注册信息，否则应承担相应的法律责任。

(3) 代理报检单位的年审

注册登记满一年的代理报检单位必须在所在地的直属检验检疫局参加年审，未参加年审也未经直属检验检疫局同意延迟参加年审的单位，将暂停其代理报检资格。审查形式为现场核查、实地检查、座谈会和发放调查表等。审查内容包括：注册资金、报检员人数、经营场所、经营代理业务所需的条件、年度代理报检业务与报检差错情况、遵守代理报检单位管理规定与相关法规情况、有关委托人的反映等。检验检疫局就审核合格的代理报检单位签发《代理报检单位年审合格通知书》；不合格的代理报检单位报经国家质检总局批准同意后，取消其代理报检资格；对有违反检验检疫法律、法规情况的代理报检单位，按相关法律、法规的规定处理。

(4) 代理报检单位的权利

① 代理报检单位注册登记后，其在检验检疫机构注册并持有《报检员证》的报检员有权在批准的代理报检区域内向检验检疫机构办理代理报检业务，但不得出借。

② 除另有规定外，代理报检单位有权代理委托出入境检验检疫的报检业务。在报关地或收货地代理进口货物报检；在产地或报关地代理出口货物报检。

③ 代理报检单位按有关规定代理报检，提供抽样和检验检疫的各种条件后，有权要求检验检疫机构在国家质检总局统一规定的检验检疫期限内完成检验检疫工作，并出具证明文件。如因检验检疫工作人员玩忽职守造成损失，或入境货物超过索赔期而丧失索赔权，或出境货物耽误装船结汇的，有权追究当事人责任。

④ 代理报检单位对检验检疫机构的检验检疫结果有异议的，有权在规定的期限内向原检验检疫机构或其上级检验检疫机构以至国家质检总局申请复验。

⑤ 代理报检单位在保密情况下提供有关商业及运输单据时，有权要求检验检疫机构及

其工作人员予以保密。

⑥ 代理报检单位有权对检验检疫机构及其工作人员的违法、违纪行为,进行控告或检举。

(5) 代理报检单位的义务

① 代理报检单位在代理报检业务时,须遵守出入境检验检疫法律、法规和规定,对代理报检的内容和提交的有关文件的真实性、合法性负责,并承担相应的法律责任。

② 代理报检单位从事代理报检业务时,须提交委托人的《报检委托书》,载明委托人与代理报检单位的名称、地址、联系电话、代理事项,以及双方责任、权利和代理期限等内容,由法定代表签字,并加盖双方公章。

③ 代理报检单位应规定填制报检申请单,加盖代理报检单位的合法印章,并提供检验检疫机构要求的必要单证,在规定的期限、地点办理报检手续。

④ 代理报检单位应切实履行代理报检职责,负责与委托人联系,协助检验检疫机构落实检验检疫的时间、地点,配合检验检疫机构实施检验检疫,并提供必要的工作条件。对已完成检验检疫工作的,应及时领取检验检疫证单和通关证明。

⑤ 代理报检单位应积极配合检验检疫机构对其所代理报检业务有关事宜的调查和处理。

⑥ 代理报检单位应按检验检疫机构的要求聘用报检员,对其进行管理,并对其报检行为承担法律责任。如果报检员被解聘或不再从事报检工作或离开本单位,代理报检单位应及时申请办理注销手续,否则,承担由此产生的法律责任。

(6) 代理报检单位的责任

① 代理报检单位对实施代理报检过程中所知悉的商业秘密负有保密的责任。

② 代理报检单位应按规定代委托人缴纳检验检疫费,在向委托人收取相关费用时应如实列明检验检疫机构收取的检验检疫费,并向委托人出示检验检疫机构出具的收费票据,不得借检验检疫机构的名义向委托人收取额外费用。

③ 代理报检单位与被代理人之间的法律关系适用于《中华人民共和国民法通则》的有关规定,并共同遵守出入境检验检疫法律、法规;代理报检单位的代理报检行为,不免除被代理人根据合同或法律所应承担的产品质量责任和其他责任。

④ 有伪造、变造、买卖或者盗窃出入境检验检疫证单、印章、标志、封识和质量认证标志行为的,除取消其代理报检注册登记及代理报检资格外,还应按检验检疫相关法律、法规的规定予以行政处罚;情节严重,涉嫌构成犯罪的,移交司法部门,对直接责任人依法追究刑事责任。

⑤ 代理报检单位因违反规定被检验检疫机构暂停或取消其代理报检资格所发生的与委托人等关系人之间的财经纠纷,由代理报检单位自行解决或通过法律途径解决。

⑥ 代理报检单位及其报检员在从事报检业务中有违反代理报检规定的,由检验检疫机构根据规定给予通报批评、警告、暂停或取消其代理报检资格等处理;违反有关法律、法规的,按有关法律、法规的规定处理;涉嫌触犯刑法的,移交司法部门按照刑法的有关规定追究其刑事责任。

议题八

福州某公司报检员林某代理A公司申请办理进口两个集装箱货物的检验检疫手续。在现场查验中,报检员林某电话告知货主说:检验检疫现场验货时发现有两只活虫,需要进行熏蒸,每柜需熏蒸费600元,并暗示可花600元私了。货主同意支付600元私了,事后向福建检验检疫局监察室举报。福建检验检疫局立即调查取证,未查出林某所说的问题,收取600元是报检员林某个人所为。对此,福建检验检疫局向林某下达行政处理决定书,决定吊销林某的报检员证。请分析,福建检验检疫局这样处理的依据是什么?

四、报检员的管理

报检员是指获得国家质检总局规定的资格,在检验检疫机构注册后,负责办理出入境检验检疫报检业务,并服务于某一个报检单位而不能独立其外的人员。根据出入境检验检疫报检业务对报检员的不同要求,报检员资格分为自理报检报检员资格和代理报检报检员资格。获得自理报检报检员资格的,可注册为自理报检单位的报检员;获得代理报检报检员资格的,可注册为代理报检单位的报检员。

1. 报检员注册

获得国家质检总局颁发的《报检员资格证》的,方可注册为报检员,未经注册的不得从事报检工作。报检员注册应由已备案登记或注册并取得报检单位代码的代理或自理报检单位,向直属检验检疫局提出申请。申请单位须通过指定网站申请,并打印申请书,携有关材料至受理地点办理申请手续。

为了加强对报检员的管理,由国家质检总局统一管理全国报检员的注册管理工作,各直属检验检疫局负责所辖地区报检员注册管理工作,各地检验检疫机构负责报检员注册的日常监督管理,对报检员日常的报检行为实施差错登记管理制度。

2. 报检员管理

报检员在取得《报检员证》后即可从事出入境检验检疫报检工作,并接受检验检疫机构的监督和管理。其主要内容如下:

① 报检员不得将《报检员证》转借和涂改。

② 报检员不得同时兼任两个或两个以上报检单位的报检工作。

③ 检验检疫机构对报检员的管理实施差错登记制度。

④《报检员证》的有效期为两年。报检员应有效期届满30日前,向发证机构提出延期申请,并提交延期申请书。检验检疫机构将结合日常报检工作记录对报检员进行审核,合格者将其《报检员证》延长两年,不合格者应参加检验检疫机构组织的报检业务培训和考试,经考试合格的,《报检员证》有效期可延长两年。

⑤ 报检员因工作单位调动和所在单位更名等其他原因而重新注册的,需更改报检员信息,填写报检员更改申请表,并提供有关材料。因工作单位调动而需办理报检员证变更时,需提供新录用单位的接纳证明;因其他原因变更,需提供加盖单位公章的相关情况说明和检

验检疫注册证复印件(加盖单位公章)。

⑥ 报检员如遗失《报检员证》,应在七日内向发证机构递交有关遗失的报检证号、单位注册号、遗失的时间和地点等情况的说明,加盖单位公章,并登报声明作废。检验检疫机构对在有效期内的《报检员证》予以补发,补发前报检员不得办理报检业务。

⑦ 报检员因违反报检员管理办法或其他原因被暂停报检资格的,须于暂停期满时向检验检疫局提交恢复报检资格的书面申请,写明报检证号、单位注册号和对违规行为的认识及整改情况,并加盖单位公章。

⑧ 报检单位对本企业不再从事报检业务、因故停止报检业务或解聘的报检员,应收回其《报检员证》交当地检验检疫机构,并以书面形式申请办理《报检员证》注销手续。检验检疫机构受理后,出具《报检员证注销证明》。

⑨ 自理报检单位的报检员可以在注册地以外的检验检疫机构办理本单位的报检业务,并接受当地检验检疫机构的管理。

⑩ 报检员在从事出入境检验检疫报检活动中,如有不实报检造成严重后果的,提供虚假合同、发票、提单等单据的,伪造、变造、买卖或者盗窃、涂改检验检疫通关证明、检验检疫证单、印章、标志、封识和质量认证标志的,或其他违反检验检疫有关法律、法规规定,情节严重的,将取消其报检资格,吊销《报检员证》。被取消报检员资格的,三年内不允许参加报检员资格考试。

议题九

上海贸易公司报检员丸莉(报检员证号:3100607777)在办理自行车报检手续时,未如实报检,将一般贸易方式的货物报为来料加工,逃避法定检验,后果严重。请分析,根据检验检疫有关法律、法规,其将受何处罚?

---

3. 报检员的权利

① 对于入境货物,报检员在检验检疫机构规定的时间和地点内办理报检,并提供抽(采)样、检验检疫的各种条件后,有权要求检验检疫机构在规定的期限或对外贸易合同约定的索赔期限内检验检疫完毕,并出具证明。如因检验检疫工作人员玩忽职守造成损失或使货物超过索赔期而丧失索赔权,报检员有权追究有关当事人的责任。

② 对于出境货物,报检员在检验检疫机构规定的地点和时间,向检验检疫机构办理报检,并提供必要工作条件后,有权要求检验检疫机构在不延误装运的期限内检验检疫完毕,并出具证明。如因检验检疫工作人员玩忽职守而耽误装船结汇,报检员有权追究有关当事人的责任。

③ 报检员对检验检疫机构的检验检疫结果有异议时,有权根据有关法律规定,向原检验检疫机构或其上级机构申请复验。

④ 报检员如有正当理由需撤销报检时,有权按照有关规定办理撤检手续。

⑤ 报检员在保密情况下提供有关商业单据和运输单据时,有权要求检验检疫机构及其工作人员给予保密。

⑥ 对检验检疫机构工作人员滥用职权、徇私舞弊、伪造检验检疫结果的,报检员有权对其违法、违纪行为进行控告、检举,或依法追究当事人的法律责任。

4. 报检员的义务

① 报检员负责本企业的报检或申报事宜,报检员办理报检业务须出示《报检员证》,检验检疫机构不受理无证报检业务。

② 报检员有义务向本企业传达并解释出入境检验检疫有关法律、法规、通告及管理办法。

③ 报检员应遵守有关法律、法规和检验检疫规定,在规定的时间和地点进行报检,并向检验检疫机构提供真实的数据和完整、有效的单证,准确、详细、清晰地填制报检单,随附证单应齐全、真实,协助所属企业完整保存报检资料等业务档案。

④ 报检员有义务向检验检疫机构提供进行抽样、检验、检疫和鉴定等必要的工作条件,如:必要的工作场所、辅助劳动力等;配合检验检疫机构为实施检验检疫而进行的现场验(查)货、抽(采)样及检验检疫处理等事宜;负责传达和落实检验检疫机构提出的检验检疫监管措施和其他有关要求。

⑤ 报检员有义务对经检验检疫机构检验检疫合格放行的出口货物加强批次管理,不得错发、漏发致使货证不符。对入境的法定检验检疫货物,未经检验检疫合格或未经检验检疫机构许可,不得销售、使用或拆卸、运递。

⑥ 报检员申请检验、检疫、鉴定等工作时,应按照有关规定缴纳检验检疫费。

⑦ 报检员必须严格遵守有关法律、法规和检验检疫规定,不得擅自涂改、伪造或变造检验检疫证(单)。

⑧ 对于需要办理检疫审批的进境检疫物,报检员于报检前应提醒或督促有关单位办妥检疫审批手续,或准备提供隔离场所。报检后报检员应配合检疫进程,了解检疫结果,适时协助做好除害处理,对不合格检疫物应及时配合检验检疫机构做好退运、销毁等处理工作。

⑨ 对于出境检疫物的报检,报检员应配合检验检疫机构,根据输入国家(地区)的检疫规定等有关情况,提醒或组织企业有关部门进行必要的自检,或提供有关产地检验检疫资料,帮助检验检疫机构掌握产地疫情,了解检疫情况和结果。

⑩ 对于入境检验检疫不合格的货物,应及时向检验检疫机构通报情况,以便有效处理、加强防范、重点控制,或整理材料、证据以便及时对外索赔。对于出境货物要注意搜集对方的反映,尤其对有异议的货物要及时通报有关情况,以便总结经验或及时采取对策,解决纠纷。

第三节　出入境货物通关管理制度

在出入境活动中,通关是指报关单位向海关办理出入境等相关手续,以及海关对出入境运输工具、货物、物品依法进行监督管理,核准其出入境的管理过程。

案例导入

李莉今年毕业于上海贸易大学,面对就业市场的激烈竞争,决定放弃各种应聘机会进行创业,成立了上海进出口公司。为此,根据我国《公司法》和《公司登记管理条例》的有关规定,该公司依法到工商行政管理部门办理公司登记,取得法人营业执照。上海进出口公司作为一家专门从事进出口业务的公司,按照《对外贸易经营者备案登记办法》规定,向上海市对外经济贸易委员会办理备案登记,获得对外贸易经营权。上海进出口公司为了取得报关权,还需要到上海市海关进行登记注册,这样就可以在中华人民共和国关境内各个口岸地或者海关监管业务集中点办理企业的报关业务,方便业务的开展。

根据《中华人民共和国海关法》的有关规定,请思考下列问题:

1. 主管出入关境监督管理的是什么机关?
2. 海关的基本任务有哪些?
3. 报关单位的报关行为规则有哪些具体规定?
4. 报关单位与报关员的法律责任有哪些?
5. 报关员的权利和义务有哪些规定?
6. 报关员的行为规范有哪些具体内容?

一、出入境监督管理机构

我国《海关法》规定:海关是国家的出入关境监督管理机关,依照有关法律、法规监管出入境的运输工具、货物、行李物品、邮递物品和其他物品,征收关税和其他税、费,查缉走私,并编制海关统计和办理其他海关业务。

1. 海关的性质

(1) 海关是国家行政机关

海关是国务院的直属机构,代表国家依法独立行使行政管理权。

(2) 海关是国家行政监督管理机关

海关依照有关法律、行政法规并通过法律赋予的权利,制定具体的行政规章和行政措施,对所有出入关境的运输工具、货物、物品开展行政监督管理,以保证其符合国家的法律规范。

(3) 海关的监督管理是国家行政执法活动

海关通过法律赋予的权力,对特定范围内的社会经济活动进行监督管理,并对违法行为依法实施行政处罚,以保证这些社会经济活动按照国家的法律、规范进行。

2. 海关的任务

《海关法》明确规定海关有如下四项基本任务:

(1) 监管

海关监管是指海关运用国家赋予的权力,通过一系列管理制度与管理程序,依法对出入境运输工具、货物、物品及相关人员的出入境活动所实施的一种行政管理。根据监管对象的不同,海关监管分为货物监管、物品监管和运输工具监管三大体系,每个体系都有一整套规范的管理程序与方法。

(2) 征税

海关依据我国《海关法》、《进出口关税条例》和国家有关的关税政策,对进出口货物、进出境物品征收关税,起到保护国内工农业生产、调整产业结构、组织财政收入和调节进出口贸易活动的作用。

（3）查缉走私

查缉走私是指海关依照法律赋予的权利,在海关监管场所和海关附近的沿海、沿边规定地区,为发现、制止、打击、综合治理走私活动而进行的一种调查和惩处活动。

走私是指进出境活动的当事人或相关人员违反《海关法》及有关法律、行政法规,逃避海关监管、偷逃应纳税款、逃避国家有关出入境的禁止性或者限制性管理,非法运输、携带、邮寄国家禁止、限制进出口或者依法应当缴纳税款的货物、物品出入境,或者未经海关许可并且未缴应纳税款、交验有关许可证件,擅自将保税货物、特定减免税货物以及其他海关监管货物、物品、进境的境外运输工具在境内销售的行为。它以逃避监管、偷逃关税、牟取暴利为目的,扰乱经济秩序,冲击民族工业,腐蚀干部群众,毒化社会风气,引发违法犯罪,对国家危害性极大,必须予以严厉打击。

（4）编制海关统计

海关统计以实际进出口货物作为统计和分析的对象,通过搜集、整理、加工处理进出口货物报关单或经海关核准的其他申报单证,对进出口货物的品种、数(重)量、价格、国别(地区)、经营单位、境内目的地、境内货源地、贸易方式、运输方式、关别等项目分别进行统计和综合分析,全面、准确地反映对外贸易的运行态势,及时提供统计信息和咨询,实施有效的统计监督,开展国际贸易统计的交流与合作,促进对外贸易的发展。

上述四项海关基本任务中,监管是最基本的任务,查缉走私是顺利完成监管和征税等任务的保障措施。近几年国家通过有关法律、行政法规赋予了海关一些新的职责,比如:知识产权海关保护、海关对反倾销及反补贴的调查等。随着国家改革开放的不断深化以及对外贸易的迅速增长,海关还将会出现新的职责。

3. 海关的权力

海关权力是指国家为保证海关依法履行职责,通过《海关法》和其他法律、行政法规赋予海关的对出入境运输工具、货物、物品的监督管理权能。其主要内容如下:

（1）行政许可权

行政许可权是对企业报关资格、从事海关监管货物的仓储、转关运输货物的境内运输、保税货物的加工、装配等业务的许可,以及对报关员的报关从业许可等权力。

（2）税费征收权

税费征收权是指海关代表国家依法对进出口货物、物品征收关税及其他税费,或对特定的进出口货物、物品减征或免征关税,以及对经海关放行后的有关进出口货物、物品,发现少征或者漏征税款的,依法补征、追征税款的权力。

（3）行政监督检查权

行政监督检查权主要包括以下六个方面的内容:

① 检查权。海关有权检查出入境运输工具、有走私嫌疑的运输工具和有藏匿走私货物、物品嫌疑的场所及走私嫌疑人的身体。

② 查验权。海关有权查验出入境货物、物品。

③ 查阅、复制权。此项权力包括查阅进出境人员的证件,查阅、复制与出入境运输工具、货物、物品有关的合同、发票、账册、单据、记录、文件、业务函电、录音录像制品和其他有关资料。

④ 查问权。海关有权对违反《海关法》或者其他有关法律、行政法规的嫌疑人进行查问,

调查其违法行为。

⑤ 查询权。海关在调查走私案件时,经直属海关关长或者其授权的隶属海关关长批准,可以查询案件涉嫌单位和涉嫌人员在金融机构、邮政企业的存款、汇款。

⑥ 稽查权。自进出口货物放行之日起三年内或者在保税货物、减免税进口货物的海关监管期限内及其后的三年内,海关可以对与进出口货物直接有关的企业、单位的会计账簿、会计凭证、报关单证以及其他有关资料和有关进出口货物实施稽查。

（4）行政强制权

海关行政强制权具体包括以下九个方面的内容:

① 扣留权。海关行使扣留权的范围是:A. 对违反《海关法》或其他有关法律、行政法规的出入境运输工具、货物和物品以及与之有关的合同、发票、账册、单据、记录、文件、业务函电、录音录像制品和其他资料,可以扣留;B. 在海关监管区和海关附近沿海、沿边规定地区,对有走私嫌疑的运输工具、货物、物品和走私犯罪嫌疑人,经直属海关关长或者其授权的隶属海关关长批准,可以扣留;对走私犯罪嫌疑人,扣留时间不得超过 24 小时,在特殊情况下可以延长至 48 小时;C. 在海关监管区和海关附近沿海、沿边规定地区以外,对其中有证据证明有走私嫌疑的运输工具、货物、物品,可以扣留;海关对查获的走私嫌疑案件,应扣留走私犯罪嫌疑人,移送海关侦查走私犯罪公安机关。

② 滞报、滞纳金征收权。海关对超期未报货物征收滞报金;对于逾期缴纳进出口税费的,征收滞纳金。

③ 提取货样、施加封志权。根据《海关法》的规定,海关检查货物且认为必要时,可以径行提取货样;海关对有违反《海关法》或其他法律、行政法规嫌疑的出入境货物、物品、运输工具,对所有未办结海关手续、处于海关监管状态的出入境货物、物品、运输工具,有权施加封志,任何单位或个人不得损毁封志或擅自提取、转移、动用在封的货物、物品、运输工具。

④ 提取货物变卖、先行变卖权。进口货物超过三个月未向海关申报,海关可以提取并依法变卖;进口货物收获人或其所有人声明放弃的货物,海关有权提取并依法变卖;海关依法扣留的货物、物品不宜长期保留的,经直属海关关长批准,可以先行依法变卖。

⑤ 强制扣缴和变价抵交关税权。进口货物的纳税义务人、担保人超过规定期限未交纳税款的,经直属海关关长或者其授权的隶属海关关长批准,海关可以:A. 书面通知其开户银行或者其他金融机构从其存款内扣缴税款;B. 将应税货物依法变卖,以变卖所得抵缴税款;C. 扣留并依法变卖其价值相当于应纳税款的货物或者其他财产,以变卖所得抵缴税款。

⑥ 税收保全。海关依法责令进出口货物纳税义务人提供纳税担保,而纳税义务人不能提供纳税担保的,经直属海关关长或者其授权的隶属海关关长批准,海关可以采取下列税收保全措施:A. 书面通知纳税义务人开户银行或者其他金融机构暂停支付纳税义务人员相当于应纳税款的存款;B. 扣留纳税义务人价值相当于应纳税款的货物或者其他财产。

⑦ 抵缴、变价抵缴罚款权。根据《海关法》的规定,当事人逾期不履行海关处罚决定又不申请复议或者向人民法院提起诉讼的,海关可以将其保证金抵缴,或者将其被扣留的货物、物品、运输工具依法变价抵缴。

⑧ 连续追缉权。进出境运输工具或者个人违抗海关监管逃逸的,海关可以连续追至海关监管区和海关附近沿海、沿边规定地区以外,将其带回处理。这里所称的逃逸,既包括出入境运输工具或者个人违抗海关监管,自海关监管区和海关附近沿海、沿边规定地区向内

(陆地)一侧逃逸,也包括向外(海域)一侧逃逸。海关追缉时需保持连续状态。

⑨ 其他特殊行政强制。A. 处罚担保。根据《海关法》及有关行政法规的规定,海关依法扣留有走私嫌疑的货物、物品、运输工具,如果无法或不便扣留的,或者有违法嫌疑但依法不应予以没收货物、物品、运输工具,当事人申请先予放行或解除扣留的,海关可要求当事人或者运输工具负责人提供等值担保,未提供等值担保的,海关可以扣留当事人等值的其他财产;受海关处罚的当事人在离境前未缴纳罚款的,应当提供相当于上述款项的担保。B. 税收担保。根据《海关法》的规定,进出口货物的纳税义务人在规定的缴纳期限内有明显转移、藏匿其应税货物以及其他财产迹象的,海关可以责令纳税义务人提供担保;经海关批准的暂时进口或暂时出口货物、特准进口的保税货物,收、发货人须缴纳相当于税款的保证金或者提供担保后,才可准予暂时免纳关税。C. 其他海关事务担保。在确定货物的商品归类、估价和提供有效报关单证或者办结其他海关手续之前,收、发货人要求放行货物的,须提供与其依法应履行的法律义务相适应的担保。

(5) 佩带和使用武器权

海关为履行职责,可以配备武器。海关工作人员佩带和使用武器的规定,由海关总署会同公安部制定,报国务院批准。

(6) 行政处罚权

海关有权对尚未构成走私罪的违法当事人处以行政处罚。包括:对走私货物、物品及违法所得处以没收,对有走私行为和违反海关监管规定行为的当事人处以罚款,对有违法情况的报关单位和报关员处以警告以及处以暂停或取消报关资格的处罚等。

(7) 其他行政处理权

① 行政裁定权。包括应对外贸易经营者的申请,对进出口商品的归类、进出口货物原产地的确定、禁止进出口措施和许可证件的适用等海关事务的行政裁定的权力。

② 行政命令权。如:对违反有关海关法律规定的企业责令限期改正、责令退运等。

③ 行政奖励权。包括对举报或者协助海关查获违反《海关法》案件的有功单位和个人给予精神或者物质奖励的权力。

④ 对与出入境货物有关的知识产权实施保护。根据《海关法》规定,海关依照法律、行政法规的规定,对与出入境货物有关的知识产权实施保护。

除了以上行政处理权以外,在出入境活动的监督管理领域,海关还具有行政立法权和行政复议权。行政立法权指海关总署根据法律的授权,制定、发布海关行政规章的权力;行政复议权是指有权复议的海关(海关总署、各直属海关)对相对人不服海关行政行为进行复议的权力。

4. 海关权力的监督

海关权力的监督是指特定的监督主体依法对海关行政机关及其执法人员的行政执法活动实施的监察、检查、督促等,以此确保海关权力在法定范围内运行。

二、报关单位

报关单位是指在海关注册登记或经海关批准,向海关办理进出口货物报关、纳税等海关事务的境内法人或其他组织。

报关单位分为进出口货物收、发货人和报关企业两种类型。进出口货物收、发货人是指拥有进出口经营权并依法准予进出口货物的单位；报关企业又称为报关公司或报关行，是指经海关批准，接受进出口货物收、发货人的委托，向海关办理进出口货物报关纳税等海关事务的专业报关企业；代理报关企业是指接受、承揽运输进出口货物收、发货人的委托，以收、发货人的名义或自己的名义，向海关办理承揽运输货物报关、纳税等海关事务的国际货物运输、国际船舶代理企业，包括经营进出境快件、邮政快递业务的企业。

议题十

李莉创建的上海进出口公司向上海市对外经济贸易委员会办理备案登记，获得对外贸易经营权，并到上海市海关进行登记注册，取得报关权。请分析，该公司在办理进出口报关业务时，报关单位是属于进出口货物收、发货人，还是属于报关企业呢？

---

1. 报关单位的报关行为规则

（1）进出口货物收、发货人的报关行为规则

进出口货物收、发货人只能办理本单位进出口货物的报关业务，不能代理其他单位报关。进出口货物收、发货人经海关注册登记后，可在所在关区各口岸海关办理报关业务。如需在其他海关关区口岸进出口货物，应委托当地报关企业向海关报关；经海关核准，也可申请异地报关备案。

（2）专业报关企业的报关行为规则

专业报关企业一般只能在注册地海关办理报关、纳税等事宜。专业报关企业在报关时，需向海关出示委托人的正式委托书，提供委托人与报关、纳税等有关的文字记录资料，设立专职报关员办理报关、纳税等手续，按海关规定的期限代委托人缴纳税款，逾期由海关按规定征收滞纳金。超过规定期限仍未缴纳税款，由海关按照《海关法》的有关规定处理。专业报关企业应依法建立账册和营业记录。

（3）代理报关企业的报关行为规则

代理报关企业应在所在关区各口岸办理报关、纳税等事宜。有特殊情况的，须经所在地上级海关与异地海关同意，报海关总署核准，方可在异地办理报关业务。代理报关业务只能接受有权进出口货物单位的委托，办理本企业承揽、承运货物的报关、纳税等事宜。

2. 报关单位的法律责任

（1）报关单位法律责任的内容

报关单位在办理报关、纳税等海关事务时，应遵守国家有关法律、行政法规和海关的各项规定，并对所申报货物、物品的品名、规格、价格、数量等的真实性、合法性负责，承担相应的法律责任。

（2）海关对违法报关单位的处理

① 海关暂停报关单位的报关权。报关单位有下列情形之一者，海关可暂停其报关权：A. 违反《海关法》和其他有关法规，经警告无效的；B. 不履行纳税义务和其他应履行义务的；C. 经海关年审不合格的；D. 内部报关员管理制度不健全的；E. 因其他原因需要暂停报关权的。

② 海关取消报关单位的报关权。报关单位有下列情形之一者，海关可取消其报关权：

A. 主管部门已撤销其进出口经营权或吊销工商营业执照的；B. 报关单位解体或并入其他单位的，或专业、代理报关企业原有情况发生变化，已不具备开办条件的；C. 犯有走私罪的；D. 有暂停报关权情形，且情节严重的。

③ 报关单位有违反《海关法》、有关法律、行政法规和海关规章或海关规定程序及手续的，但尚未构成走私行为，海关按我国《海关法行政处罚实施细则》的有关规定处罚。

④ 报关单位违反《海关法》、有关法律和行政法规，逃避海关监管，偷逃应纳税款、逃避国家有关出入境的禁止性或者限制性管理等，但尚不构成犯罪的，由海关没收走私货物、物品及违法所得，并处以罚款；专门或者多次用于掩护走私的货物、物品，专门或者多次用于走私的运输工具，予以没收；用于藏匿走私货物、物品的特制设备，责令拆毁或者没收。

⑤ 报关单位违反《中华人民共和国刑法》及海关法律、法规，逃避海关监管，偷逃应纳税款、逃避国家有关出入境的禁止性或者限制性管理，情节严重、数额较大，构成犯罪的，依法追究其刑事责任。

⑥ 报关单位向海关工作人员行贿的，由海关撤销其报关注册登记，并处以罚款；构成犯罪的，依法追究其刑事责任，并不得重新注册登记为报关企业。

✎ 议题十一

上海进出口公司接受南通皮革制品有限公司的委托，从日本进口 25 万平方米的牛皮用于制作皮包，为此双方签订了委托代理协议。上海进出口公司进口了真牛皮，却将其伪报成仿真牛皮，直接逃税人民币几百万元。请分析，根据我国有关的法律、法规，该公司应承担什么样的法律责任？

---

3. 报关单位的注册登记制度

报关注册登记制度是指进出口货物收、发货人及报关企业必须向海关提供规定的法律文书，申请报关资格，经海关审查核实，准予其办理报关业务的管理制度。海关要求报关企业必须具有固定的服务场所和必要设备，须有一定数额的注册资金，并拥有五人以上的报关从业人员；凡是依照《对外贸易法》经对外经济贸易主管部门批准，有权从事对外贸易经营活动的境内法人或者其他组织均可直接向海关办理注册登记。

报关注册登记一般有以下三个环节：

（1）报关注册登记的申请

向海关提出书面申请，并递交规定的文件资料，包括上级部门的批准文件、工商行政管理部门核发的营业执照以及海关规定的其他文件。报关企业需向海关领取并填写《报关注册登记申请书》、《企业情况登记表》、《企业管理人员情况登记表》及海关规定的其他资料，如：海关总署批准设立专业报关企业的文件或国家主管部门许可从事国际货运代理业务、国际船舶代理业务的证明文件、《营业执照》副本复印件、税务登记证书副本复印件、银行开户许可复印件、企业法定代表人、报关业务负责人情况、企业报关专用章（印模）等。

（2）报关注册登记的海关审查

海关对企业的资格条件进行审核检查，其内容包括报关服务场所和提供服务的必要设备情况、企业性质、经营范围、企业承担经济法律责任的能力以及各种文件的真实性、合法性等。对自理报关单位,主要需要审查企业有关文件的真实性和合法性、企业注册地址、企业的性质等,从而确认是否受理、是否符合注册的条件、应编制的报关注册编码(10 位数编码)等。对代理报关企业则应根据当时、当地报关服务市场的情况,审查企业是否已开展经营国际运输代理或国际运输工具代理业务、企业承担经济法律责任的能力、企业有关文件的真实性和合法性等。对专业报关企业则应根据当时、当地报关服务市场的情况,审查申办人各项条件是否符合开办所规定的要求,其企业承担经济、法律责任的能力及企业有关文件的真实性和合法性等。

(3) 报关注册登记证书

海关对企业提交的文件、资料予以审核后,在规定的期限内进行审批,作出批准或不予批准的决定。经海关审核准予注册登记的单位,由海关颁发《报关注册登记证书》,并按规定为企业编制报关注册编码,给予海关注册登记编号(又称经营单位代码)。

经报关注册登记的企业,即成为报关单位,可以在规定的经营地域或口岸的范围开展报关业务。

4. 报关单位的变更登记与注销登记

(1) 报关单位的变更登记

对于已办理报关注册登记的报关单位,如需变更有关登记事项,如:报关单位名称、企业性质、法定代表人(负责人)、注册资本、经营范围等在海关注册登记的内容,应当自政府主管部门批准变更后在规定的时间内向注册地海关办理变更登记手续。

(2) 报关单位的注销登记

报关单位经海关办理注册登记后,遇有丧失经营许可、解散、破产或经营期限到期等情形时,应事先以书面形式向注册地海关报告。在办结海关有关手续后,由报关注册地海关收回并注销原签发的《报关注册登记证书》。

办理了异地报关备案的报关单位,由原报关注册地海关收回《报关备案证明书》,办理注销登记手续,随后交寄至异地报关备案地海关注销异地报关备案。

5. 报关单位的海关年审制度

海关对报关单位的海关年度审核制度是指报关单位每年在规定的期限内,向海关递交规定的文件资料,由海关依法对其报关资格进行年度审核,以确定其是否具备继续开展报关业务条件和资格的一项海关管理制度。海关年审的主要内容包括:报关单位的年报关量及报关业务情况分析、报关差错情况及原因、遵守海关各项有关规定的情况等。

未经海关同意,不在规定期限内参加海关年审的,海关公告通知其参加年审。自公告发布之日起 30 日内报关单位必须向海关申报年度审核,逾期将被海关注销其报关注册登记。

三、报关员

报关员是指取得报关员资格,依法在海关注册,受雇于某一个企业向海关办理报关、纳税等海关事务的人员。我国《海关法》规定,未依法取得报关从业资格的人员,不得从事报关业务,并禁止报关员非法接受他人委托从事报关业务。

1. 报关员的权利和义务

通过报关员资格考试取得《报关员资格证书》者,必须受雇于一个有报关权的企业(单

国际商务法律法规

位),并向海关注册,经海关批准后方能成为报关员,代表所属企业向海关办理报关业务。其权利和义务如下:

(1) 报关员的权利

① 根据海关规定,有权代表所属报关单位办理进出口货物报关、纳税等海关事务;

② 有权拒绝办理所属企业交办的单证不真实、手续不齐全的报关业务;

③ 根据《海关法》及有关规定,对海关的行政处罚决定不服的,有权向海关申请复议,或者向人民法院起诉;

④ 有权根据国家法律、法规对海关工作进行监督,并有权对海关工作人员的违法、违纪行为进行检举、揭发和控告;

⑤ 有权举报报关活动中的违规、走私行为。

(2) 报关员的义务

① 遵守国家有关法律、法规和海关规章,熟悉所申报货物的基本情况;

② 提供齐全、正确、有效的单证,准确填制进(出)口货物报关单,并按有关规定办理进出口货物的报关手续;

③ 海关检查进出口货物时,应按时到场,负责搬移货物、开拆和重封货物的包装;

④ 在规定的时间,负责办理、交纳所报货物的各项税费手续、海关罚款手续和销案手续;

⑤ 配合海关对企业的稽查和对走私、违规案件的调查;

⑥ 协助本企业完整保存各种原始报关单证、票据、函电等业务资料;

⑦ 参加海关组织的报关业务培训;

⑧ 承担海关规定报关员办理的与报关业务有关的工作。

2. 报关员的行为规范

报关员代表所属企业向海关办理报关业务时,应遵循下列行为规范。

① 不能同时兼任两个或两个以上报关单位的报关工作。

② 应在企业所在地海关关区内办理本企业授权承办的报关业务。

③ 应持有效的报关员证件办理报关业务,其签字应在海关备案。报关员证件不得转借、涂改。专业、代理报关企业的报关员办理报关业务,应交验委托单位的委托书。

④ 必须随所在企业每年按期参加年审,填报《报关员年审报告书》,说明办理报关业务和遵守海关法规等情况。

⑤ 调往其他企业从事报关工作的,应持调出、调入双方企业的证明文件以及有效的报关员资格证书,向调往企业所在地海关申请办理重新注册手续。

⑥ 若遗失报关员证件,应自证件遗失之日内起十五日内向海关递交情况说明,并登报声明作废。海关于声明作废之日起三个月后予以补发,期间不得办理报关业务。

3. 报关员的法律责任

① 报关员在报关活动中,违反《海关法》和相关法律、行政法规的,由海关或其他部门给予相应的处理和行政处罚;构成犯罪的,依法移送司法机关追究其刑事责任。

② 报关员有违反《海关法》行为,受到海关按照《海关法》、《海关法行政处罚实施细则》规定吊销其报关员证件处罚的,三年内不得重新申请报关员注册。

③ 报关员有违反我国《海关对报关员管理规定》事项的,海关处以罚款。具体内容如下:

A. 借、涂改报关员证件的;

B. 未经海关同意,逾期一个月以内不参加年审的;

C. 未经企业授权,擅自承揽报关业务的;

D. 不履行海关规定的报关员义务的;

E. 因其他原因需处以罚款的。

4. 报关员的注册

报关员注册是指通过报关员资格考试,取得《报关员资格证书》的人员,由所属企业向所在地海关申请登记备案并获取报关员证件的行为。其注册条件为:必须取得报关从业资格;必须受聘于报关单位。

报关员报关行为的法律责任要由所属企业而不是由报关员本人来承担。但是,报关员明知企业的行为违法而故意实施,应当与企业一并承担连带责任。

报关员注册程序有以下三个环节:

(1) 企业向海关提出申请

通过报关员资格考试取得《报关员资格证书》者,如需注册成为报关员,应由其所属的已在海关注册登记的企业向所在地海关提出报关员注册的申请,并出具下列文件或资料:

① 《报关员注册申请书》;

② 海关核发的《报关单位注册登记证书》;

③ 申请注册人所属报关单位的用工劳动合同或证明申请注册人为本企业正式职工的人事证明文件;

④ 申请注册人有效的身份证件;

⑤ 申请注册人的近期免冠照片(大一寸)两张;

⑥ 海关需要的其他文件或资料。

(2) 海关审核

海关对申请报关员注册的企业、单位提交的上述有关文件或资料进行审核,确定其真实性、合法性、有效性,作出是否符合注册条件的审核意见,并决定是否给予注册。

(3) 海关颁发《报关员证》

海关对符合报关员注册条件的人员予以办理注册手续,根据企业的性质,颁发不同的《报关员证》,并在《报关员资格证书》上批注。

《报关员证》是报关员在取得职业资格的前提下,最终取得从业资格的证明文件。报关员可以凭此向海关办理报关、纳税等海关事务。《报关员证》有效期为一年,跨年度必须履行报关员年审手续。

为了加强对报关员的管理,我国在部分海关实行报关员条码管理,对持有《报关员证》的报关员核发报关员条码卡。因此,报关员在报关时,根据不同情况,在交验报关单及有关单据时,应同时出示《报关员证》或交验报关员条码卡。

报关员调动工作单位,应持调出和调入双方企业的证明文件向调入企业所在地海关重新办理注册登记手续,经海关核准后,换发新的报关员证或报关员条码卡。

对本单位脱离报关员工作岗位和被企业解聘的报关员,企业应及时收回其《报关员证》和报关员条码卡,交海关办理注销手续。因未办理注销手续而发生的经济、法律责任由企业自行负责。

5. 报关员的海关年审

报关员年度审核是指报关员随所属企业每年在规定的期限内向海关递交相应的文件资

料，由海关对其报关情况进行审核，以确定其是否具有继续从事报关业务资格的海关管理制度。报关员年审的程序如下：

（1）年审申报

报关员必须在所属企业年审的同时参加年审。报关员申请海关年审，应实事求是地填写《报关员年审报告书》中的各项内容，说明办理报关业务和遵守海关法规等情况。并由所在企业负责人审阅签章，将《报关员证》和《报关员年审报告书》一并交海关办理年审手续。

（2）海关审核

海关根据报关员填写的内容、《报关员证》的记录及报关员条码管理系统中对报关员日常报关行为的记录情况，充分了解并考核报关员业务水平和守法状况，综合评定报关员是否可以继续从事报关业务。

（3）通过年审的处理

对于年审合格者，即对于符合通过年审条件的，海关在《报关员证》上签注延长报关有效期，并在电脑中开通延长报关资格的手续。在有效期内报关员可持证继续办理报关业务。

（4）对年审不合格报关员的处理

有下列情况之一者，年审不合格：

① 经常出现报关差错等不负责行为，屡教不改的；

② 领取报关员证件之日起一年内或连续一年未报关的；

③ 未经海关同意，逾期一个月以上不参加年审的；

④ 未经企业授权，擅自招揽报关业务的；

⑤ 不履行报关员管理规定所列报关员义务，情节严重的。

年审不合格的报关员，应向海关书面申请参加海关组织的报关业务培训。经考试合格后，海关准予继续从事报关业务；无正当理由不参加培训者，视为自动放弃报关资格，报关资格证件自动失效。

第八章　国际商事争议的解决途径
——国际商事仲裁法与诉讼法

随着世界经济一体化进程的加快，国际商务交流日趋频繁。在国际商事关系中，由于交易双方具有不同的经济利益、文化传统和法制观念，国际商事争议在所难免。采用何种方式解决国际商事的争议，对从事商事活动的主体来说，是十分重要的。解决国际商事争议的方式主要有协商、调解、仲裁和诉讼等，其中，国际商事仲裁与诉讼已越来越受到人们的重视。

在国际商务活动中，有关国际商事仲裁与诉讼的法律、法规主要有：《联合国国际商事仲裁示范法》、《联合国国际贸易法委员会仲裁规则》、《中国国际经济贸易仲裁委员会仲裁规则》、《中华人民共和国仲裁法》和《中华人民共和国民事诉讼法》等。

第一节　国际商事仲裁制度

仲裁也叫公断,指发生某种争议或纠纷的当事人自愿商定,将争议交第三人裁决,双方承担裁决所确定的义务并自觉履行。

国际商事仲裁是指仲裁机构或仲裁员根据在国际商务活动中当事人事前或事后达成的仲裁协议或当事人一方的仲裁申请,对其争议进行审理并作出裁决的一种方法。因此,国际商事仲裁制度就是对商事仲裁的主体、事项、审理、裁定等要件予以规定,涉及到国际商事仲裁协议、国际商事仲裁机构及国际商事仲裁员。

 案例导入

IBM公司以富士通侵害了其计算机操作系统权益为由对富士通进行起诉,为此两家跨国公司步入了长达两年多的诉讼战。在支付了金额巨大的代理费和诉讼费后,诉讼仍没有结果。最后,双方放弃了诉讼,签署了仲裁协议,指定美国仲裁协会对其争议进行仲裁。IBM公司选择一位计算机专家作为仲裁员,富士通选择一位斯坦福大学法律教授作为仲裁员,并由这二位仲裁员选择一位首席仲裁员。仲裁员经过数月的调查分析,裁定富士通公司付给IBM公司8.332亿美元而获得操作系统的使用权。双方都接受了该裁决,两年多没打成的官司,现在仅用几个月就结了案。

根据我国《仲裁法》、《联合国国际商事仲裁示范法》等法律的有关规定,请思考下列问题:

1. 国际商事仲裁协议的类型和有效要件有哪些?
2. 国际商事仲裁协议有哪些主要内容?
3. 国际商事仲裁机构的形式有哪些?
4. 仲裁员的资格有哪些具体规定?
5. 国际商事仲裁裁决执行与撤销的规定有哪些?

一、国际商事仲裁协议的签订

国际商事仲裁协议(简称"仲裁协议"),是指国际商事关系中的当事人自愿将他们之间将来可能发生或已发生的争议交付某仲裁机构进行仲裁的约定,是仲裁机构受理争议的依据。

1. 国际商事仲裁协议的类型

国际商事仲裁协议采用书面形式,一般有下列三种类型:

（1）仲裁条款

仲裁条款是指在商事合同中当事人订立的,将可能发生的争议提交仲裁解决的条款,它构成合同的一部分。仲裁条款是仲裁协议的一种最普遍和最重要的形式,许多国际商事合同中都载有这种条款。

（2）仲裁协议书

仲裁协议书一般是在商事合同没有规定仲裁条款的前提下，当争议发生后，有关当事人经过平等协商，共同签署的将其争议提交仲裁解决的一种专门性文件。与仲裁条款不同的是，仲裁协议书不构成合同的一部分，是独立存在的。

（3）其他有关书面文件中所包含的仲裁协议

该类型是指双方当事人在来往的信函、电传、电报以及其他书面材料中，共同约定将他们之间可能发生或已发生的争议提交仲裁解决的意思表示。与仲裁条款、仲裁协议书不同的是，提交仲裁的意思表示不是集中表现在合同或单独的协议书中，而是分散在有关当事人双方相互往来的函件中。这种类型的仲裁协议在国际商事仲裁实践中，也是比较常见的。

2. 国际商事仲裁协议的有效要件

关于仲裁协议的有效要件，各国仲裁立法和有关国际公约的规定并不完全一致，但以下四个方面的要件是任何一个有效的仲裁协议都必须具备的：

（1）国际商事仲裁协议的当事人必须是合法主体

仲裁协议必须由合法的当事人所签订，其必须具有行为能力，并且是有关国际商事法律关系的利害关系人或其合法代理人。

（2）国际商事仲裁协议双方当事人的意思表示必须自愿真实

签订仲裁协议必须经过双方当事人平等协商，充分尊重双方当事人的意见，任何一方不得把自己的意志强加给对方，也不得通过欺诈的方式使另一方接受。

议题一

瑞士资源公司以欺骗的手段诱使中国进出口公司与其签订了一份钢材买卖合同，并在合同中加入仲裁条款。事后瑞士资源公司通过伪造的议付单据骗得了中国进出口公司的钢材货款。中国进出口公司了解真相后，即向人民法院起诉。请分析，该合同和仲裁条款是否有效？为什么？

（3）国际商事仲裁协议的内容必须合法

其合法性主要表现在三个方面：

① 仲裁协议的内容不能违背仲裁地国家法律体系中有关强制性规范的规定，不应与仲裁地国家的公共秩序或公共政策相抵触，否则，仲裁协议无效。

② 当事人约定的仲裁事项超出法律规定仲裁范围的，仲裁协议无效。如，我国《仲裁法》规定不能仲裁的事项为：婚姻、收养、监护、扶养、继承纠纷和依法应当由行政机关处理的行政争议。再如，《纽约公约》规定：仲裁协议事项属商事争执问题而不适用非商事争执。但必须指出的是，各国仲裁法的发展是不平衡的，其规定的不具有可仲裁性的范围也不尽相同。

③ 当事人不能自行处理或不能通过和解解决的事项，不可作为仲裁协议的内容。这是因为仲裁本身具有自治性的特点，而且当事人不能自由处分或不能通过和解解决的，一般不属于商事关系，故与商事仲裁法律不符。

国际商务法律法规

议题二

瑞士籍皮特先生与中国籍吴娜女士共同在上海购置了一套高级公寓。数年后，皮特先生突发脑溢血病逝，其在瑞士的父母要求吴娜女士分割住房财产，请当地的仲裁院进行仲裁。吴娜女士只同意在中国国际经济贸易仲裁委员会上海分会提请仲裁，皮特先生的父母做了让步，于是双方签订了仲裁协议。请分析，中国国际经济贸易仲裁委员会上海分会能接受该争议的仲裁吗？为什么？

（4）国际商事仲裁协议的形式必须合法

仲裁协议必须符合仲裁地国家和仲裁裁决执行地国家对仲裁协议所规定的形式上的要求。绝大多数国家的仲裁法和有关国际条约只承认仲裁协议必须以书面形式达成才为合法，如：《纽约公约》、《国际商事仲裁示范法》和《中国国际经济贸易仲裁委员会仲裁规则》等。应注意的是，瑞典等极少数国家的仲裁法认为口头形式和书面形式都有效。

3. 国际商事仲裁协议的主要内容

一项有效的仲裁协议具体应包含哪些内容，各国仲裁立法及有关国际公约的规定不尽相同。但为了使有关的仲裁程序得以顺利进行，并获得当事人所预期的效果，至少应具备以下五个方面的内容：

（1）仲裁事项

当事人首先应在仲裁协议中约定将什么样的争议提交仲裁，日后只能就仲裁协议中约定的争议事项向仲裁机构申请仲裁。这是仲裁机构行使仲裁管辖权的重要依据之一，也是当事人向法院申请执行仲裁裁决的一个必备要件。

（2）仲裁地点

在国际商事仲裁中，仲裁地点与当事人利益密切相关，当事人必须在仲裁协议中予以规定，并注明仲裁的国家、城市名称。因为仲裁地点的选择直接决定着仲裁所适用的程序规则和实体法律，如果当事人选定某个仲裁地点，仲裁员就会运用该地仲裁规则和有关法律来解决争议。因此，在签订仲裁协议时，当事人往往力争在本国进行仲裁，这是根源于对本国法律和仲裁制度的熟悉，以及对本国仲裁机构的信任。如果争取不到本国仲裁，可以争取在第三国进行仲裁。当然，也可在对方国家仲裁。更重要的是，选择适当的仲裁地点是为了要确保裁决的执行，所以，最好选择参加《纽约公约》的成员国的境内。

（3）仲裁机构

在仲裁协议中关于仲裁机构的确立必须明确、肯定。其通常有三种方法：

① 确定本国的常设仲裁机构仲裁。

② 确定对方当事人所属国常设仲裁机构仲裁。

③ 确定第三国或国际性的常设仲裁机构仲裁。如为临时仲裁机构，还必须确定临时仲裁机构的组成和仲裁规则。

（4）仲裁规则

仲裁规则是仲裁审理的程序规则，主要内容包括：仲裁申请的提出、仲裁的受理、仲裁员的选任、仲裁庭的组成、仲裁的审理、仲裁的裁决等内容。国际商事仲裁的实践表明，大多数仲裁协议是将仲裁规则的选择和仲裁机构的选择结合起来,即当事人选择了某一常设仲裁机构,也就意味着选择了该机构的仲裁规则。例如:由我国仲裁机构进行仲裁,就应采用《中国国际经济贸易仲裁委员会仲裁规则》。但是,也有一些仲裁协议把这两者分开选择,这是因为一些国家的仲裁立法和有关的国际条约都承认当事人的这种意思自治权利,如:瑞典的仲裁法律。

（5）裁决效力

仲裁裁决的效力主要是指仲裁裁决是否具有终局性,对双方当事人有无拘束力,能否再向法院起诉要求变更等。所以当事人在签订仲裁协议时,应对仲裁裁决的效力做出明确的规定。目前,世界上大多数国家法律都规定,仲裁裁决是终局性的。正因为如此,它具有耗时少、费用低、见效快的特点,才被国际商事的当事人广泛采用。

 议题三

IBM公司以富士通侵害了其计算机操作系统权益为由对富士通进行起诉,为此两家跨国公司步入了长达两年多的诉讼战,并支付了巨额代理费和诉讼费,却迟迟未能判决。于是双方放弃了诉讼,采取仲裁解决争议。经过仲裁员数月的调查分析,裁定富士通公司付给IBM公司8.332亿美元而获得操作系统的使用权。双方都接受了该裁决,两年多没打成的官司,现在仅用几个月就结了案。请分析,仲裁的作用如何?

二、国际商事仲裁机构的确定

国际商事仲裁机构是指根据当事人事前或事后达成的仲裁协议或当事人一方的仲裁申请,受理其争议并作出裁决的专门组织。其形式有临时仲裁机构和常设仲裁机构两种。

1. 临时仲裁机构

临时仲裁机构是指根据双方当事人的仲裁协议,在争议发生后由双方当事人推荐仲裁员所组成,负责审理当事人之间的有关争议,并在做出裁决后即行解散的仲裁机构。临时仲裁机构最显著的特点是灵活性,仲裁的每一环节都由当事人控制,仲裁员的指定方法及其管辖范围及权力、仲裁地点和程序等都由当事人决定。

2. 常设仲裁机构

常设仲裁机构是依据国际条约或一国国内法而成立的,有固定的名称、地址、组织章程、仲裁规则,并具有自己的办事机构和行政管理制度,用以处理国际商事争议的仲裁机构。

目前,全世界已有100多家常设仲裁机构,根据其性质和管辖范围的不同,可以分为国际性仲裁机构、地区性仲裁机构、国别性仲裁机构和专业性仲裁机构四种。

（1）国际性仲裁机构

作为国际性仲裁机构,目前在世界上影响最大的为以下两家:

① 国际商会仲裁院(简称ICCCA)。其成立于1923年,是国际商会下设的提供国际商事仲裁服务的常设仲裁机构。仲裁院本身并不直接仲裁争议,如当事人把争议提交该院,该院即请有关国家的国际商会国家委员会具体办理。该院的主要任务是提供解决国际商事争议的仲裁规则,与审理争议的有关国家委员会一起,主持一些审理程序上的事务。国际商会仲

裁院现行的规则是《国际商会仲裁规则》,对仲裁申请、仲裁庭的组成、仲裁程序的进行、法律的适用、裁决的做出等进行明确规定。我国是国际商会仲裁院的成员。

② 解决投资争议国际中心(简称 ICSID)。该中心设在美国华盛顿,是国际法人,有成员国近百个,专门处理国际投资争议。在国际复兴开发银行的倡导下,为了解决有关国家与其他国家国民之间的投资纠纷,在该中心签订了《解决缔约国与他国国民间投资争端公约》,并于 1966 年生效。

(2) 地区性仲裁机构

作为地区性仲裁机构,目前在世界上有较大影响的为以下两家:

① 美洲国家商事仲裁委员会。是拉丁美洲国家的一个区域性国际仲裁机构,成立于1934 年,属于民间组织。1975 年拉丁美洲的 12 个国家签订了《美洲国家国际商事仲裁公约》。

② 亚洲及远东经济委员会商事仲裁中心。是由联合国亚洲及远东经济委员会组织在泰国曼谷设立并制定仲裁规则的机构。

(3) 国别性仲裁机构

作为国别性仲裁机构,目前在世界上有较大影响的为以下六家:

① 瑞典斯德哥尔摩商会仲裁院(简称 AISSCC)。该仲裁院成立于 1917 年,专门解决工商和航运中发生的争议,订有斯德哥尔摩商会仲裁规则,是瑞典全国性的仲裁机构。该机构仲裁的公正性得到世界各国普遍承认,尤其是在解决东西方国际商事争议中发挥了重要作用。中国国际贸易促进委员会与该仲裁院建立了业务联系,是我国优先选择的第三国仲裁机构。

② 伦敦国际仲裁院(简称 LCIA)。1892 年伦敦仲裁庭成立,1903 年改名为伦敦仲裁院,1981 年改名为伦敦国际仲裁院。该仲裁院现行的仲裁规则是 1985 年 1 月 1 日起生效的仲裁规则。此外,仲裁院也可以根据当事人合意,采用《联合国国际贸易法委员会仲裁规则》。

③ 美国仲裁协会(简称 AAA)。该仲裁协会成立于 1926 年,总部设在纽约。其现行的《国际仲裁规则》于 1991 年 3 月 1 日生效,主要受理货物买卖合同、代理合同和工业产权等方面的仲裁,并与我国仲裁机构建立了业务联系。

④ 日本商事仲裁协会。该仲裁协会成立于 1950 年,由日本工商联合会和其他一些全国性的工商组织共同组建,总部设在东京。其现行的《商事仲裁规则》于 1992 年生效,并与 20多个国家的仲裁机构建立了业务联系。

⑤ 香港国际仲裁中心(简称 HKIAC)。该仲裁中心成立于 1985 年,受理国际商事和本地的仲裁案件,采用《联合国国际贸易法委员会仲裁规则》。

⑥ 中国国际经济贸易仲裁委员会(简称 CIETAC)。该仲裁委员会成立于 1956 年,隶属于中国国际经济贸易委员会(中国国际商会),总会设在北京,深圳和上海设有分会,并在重庆、成都、长沙、福州和大连设有五个办事处,总会和分会使用相同的仲裁规则和仲裁员名册,在整体上享有一个仲裁管辖权。其现行的《中国国际经济贸易仲裁委员会仲裁规则》于2000 年修订,自 2000 年 10 月 1 日起生效。中国国际经济贸易仲裁委员会受案量已跃居世界第一位,其仲裁裁决得到 140 多个国家的承认和执行。仲裁委员会的现行仲裁员名册中共有 492 名仲裁员,其中 158 位仲裁员来自中国香港、澳门特区和其他国家。

(4) 专业性仲裁机构

专业性仲裁机构又称为行业性仲裁机构,是由各个行业、公会或协会为解决本行业中发生的经济纠纷而设立的常设仲裁机构,如:英国伦敦橡胶交易所的仲裁机构等。

当事人一般应选择本国或第三国或国际性的常设仲裁机构进行仲裁。但是,在选择仲裁机构时,还应当考虑仲裁程序规则。这是因为各常设的国际商事仲裁机构一般都订有自己的仲裁程序规则,并大多规定,如选择该机构仲裁,则必须适用其仲裁程序规则。

议题四

IBM 公司与富士通就计算机操作系统权益进行仲裁,根据仲裁协议的规定,由美国仲裁协会对其争议进行仲裁。请分析,该仲裁机构是国际性仲裁机构,还是国别性仲裁机构?

三、仲裁员的选任

1. 仲裁人员的确定

当事人应在协议中指定仲裁员或规定指定仲裁员的方式,特别是要规定仲裁员的人数。法国 1980 年的仲裁法令明文规定,未指定仲裁员或未规定指定仲裁员方式的仲裁协议无效。虽然其他国家一般无类似规定,但为便于仲裁庭的快速组成和仲裁工作的尽快开展,当事人应事先选定好仲裁员或商定好指定仲裁员的方式。在临时仲裁的情况下,当事人如未指定仲裁员或未规定指定仲裁员方式、仲裁员人数的,该仲裁协议可能会因为无法执行而失效。常设机构的仲裁规则大多规定在当事人无相反约定的情况下,该机构有权为当事人确定仲裁员人数和指定仲裁员。但这样需要经办手续而且费时,指定的仲裁员也不一定令当事人满意。

2. 仲裁员的资格

为了保证仲裁的公正性,各国法律和常设仲裁机构的仲裁规则对仲裁员的资格作了具体的规定,其主要有以下几个方面:

(1) 仲裁员必须具有完全的民事行为能力,并依法享有公民权

未成年人、精神病人、被限制公民权或政治权利的人,不具有一般仲裁员的资格。

(2) 仲裁员必须是具有一定专门知识和资历的自然人

仲裁是一种脑力活动,只有具备一定专门知识和资历的自然人才有能力合理、公正和有效地处理当事人之间的纠纷。因此,很多常设仲裁机构推荐的仲裁员一般都是具有一定专门知识和资历的知名人士。

(3) 仲裁员必须具有良好的道德品质

仲裁员应独立、公正、守纪、勤勉地受理案件,必须具有良好的道德品质。为此,《联合国国际贸易法委员会仲裁规则》规定,尽管拥有公民权,但存在不诚实、不公正、不负责任等不良习性的人,不得担任仲裁员。

我国《仲裁法》对仲裁员的资格规定是,仲裁委员会应当从公道、正派的人员中聘任仲裁员,且符合下列某一条件:

① 从事仲裁工作满 8 年;

② 从事律师工作满 8 年;

③ 曾任审判员满 8 年；

④ 从事法律研究、教学工作并具有高级职称的；

⑤ 具有法律知识,从事经济贸易等专业工作并具有高级职称或具有同等专业水平的。

四、仲裁的程序

仲裁程序是当事人提请仲裁和仲裁庭进行仲裁时经历的手续、步骤、活动规则与次序的统称。根据国际商事仲裁当事人的约定习惯、各国仲裁法和各常设仲裁机构规则及仲裁实践,仲裁程序主要涉及仲裁的申请、仲裁的受理、仲裁庭的组成、仲裁的审理和仲裁的裁决等。

1. 仲裁的申请

仲裁申请是一方或双方当事人根据仲裁协议将现存的有关争议提请仲裁的意思表示。它是仲裁程序开始的第一步。

在提请常设机构仲裁时,申诉人要提交申诉书和证据材料。在提请临时机构仲裁时,申诉人还要作成提交仲裁的通知书,并连同申诉书一起送交对方当事人。同时,申诉人还必须提交案件登记费和仲裁费用保证金等费用。如申诉人最后获得了有利的裁决,可就该保证金的一部分或全部向败诉方求偿。

2. 仲裁的受理

仲裁委员会收到仲裁申请书之日起五日内,认为符合受理条件的,应当受理,并通知当事人;认为不符合受理条件的,应当书面通知当事人不予受理,并说明理由。

申请人可以放弃或变更仲裁请求,被申请人可以承认或反驳仲裁请求,并有权提出反请求。一方当事人因另一方当事人的行为或其他原因,可能使裁决不能执行或难以执行的,可以向仲裁委员会申请财产保全。仲裁委员会应当将当事人的财产保全申请提交人民法院,由人民法院裁定并实施。

3. 仲裁庭的组成

根据仲裁委员会的仲裁规则,仲裁庭分为独任仲裁庭(一名仲裁员)和合议仲裁庭(三名仲裁员组成)两种。

(1) 独任仲裁庭

双方当事人可以在仲裁员名册中共同选定或者共同委托仲裁委员会主任指定一名仲裁员,作为独任仲裁员成立仲裁庭审理案件。如果双方当事人约定由一名独任仲裁员审理案件,但在被申请人收到仲裁通知之日起 15 天内未能就独任仲裁员的人选达成一致意见,则由仲裁委员会主任指定。

(2) 合议仲裁庭

第一名仲裁员由申请人和被申请人在收到仲裁通知之日起 15 天内在仲裁委员会仲裁员名册中各自指定一名仲裁员,或委托仲裁委员会主任指定。

第二名仲裁员由申请人之间或被申请人之间经过协商(如果仲裁案件中有 2 个或 2 个以上申请人或被申请人时),各自共同选定或各自共同委托仲裁委员会主任指定一名仲裁员。逾期不选定的,仲裁委员会主任将行使代为指定的权利。

第三名仲裁员由当事人共同选定或者共同委托仲裁委员会主任指定。第三名仲裁员担任首席仲裁员。如果当事人在被申请人收到仲裁通知之日起 15 天未能共同选定或委托委员会主任指定第三名仲裁员,则由仲裁委员会主任指定。

仲裁员的回避制度

仲裁员的回避是指仲裁员在有可能影响对案件公正裁决的情形时依照法律的规定,自行申请退出仲裁;或者经当事人的申请,根据仲裁委员会主任的决定退出仲裁。我国《仲裁法》规定,仲裁员有下列情形之一的,必须回避,当事人也有权提出回避申请:

① 是本案当事人或者当事人、代理人的近亲属;

② 与本案有利害关系;

③ 与本案当事人、代理人有其他关系,可能影响公正仲裁的;

④ 私自会见当事人、代理人,或者接受当事人、代理人请客送礼的。

当事人提出回避申请,应当说明理由,并在首次开庭前提出。回避事由在首次开庭后知道的,可以在最后一次开庭前提出。仲裁员是否回避,由仲裁委员会主任决定;仲裁委员会主任担任仲裁员的,由仲裁委员会集体决定。

4. 仲裁的审理

仲裁审理是指仲裁庭对案情所作的审查和核实活动的总称。各国仲裁法和各常设机构的仲裁规则对仲裁审理的基本原则皆有规定,即尊重各方当事人的意愿、公正和快速审理。

(1)仲裁审理的范围

在实践中,仲裁审理的范围是因案而异的,通常包括:仲裁协议是否有效;仲裁庭对该案有无管辖权;申诉人或被诉人的资格是否合格,即申诉人或被诉人是否为仲裁协议的当事人;各方当事人对实体争执的陈述与举证;对其他途径取得的证据材料的审查核实等。

(2)仲裁审理的方式

仲裁审理可分为口头和书面两种形式。

① 口头审理。又称听证,是指仲裁员和当事人各方规定时间集中于规定的场所,由仲裁员作口头查问,当事人作口头陈述。目前,世界上大多数仲裁规则已不再将听证列为审理程序,只有当一方当事人提出听证申请,仲裁庭才安排听证。

② 书面审理。其指仲裁员只根据当事人提交的书面材料进行审理。在国际商事仲裁中,当事人往往分处于不同的国家,听证安排费时、费力,因此大多以书面审理为主。

(3)仲裁审理的地点

当事人有协议的,依协议决定仲裁审理地点;无协议时,由仲裁员决定仲裁审理地点。

(4)仲裁审理的程序

当事人对仲裁审理程序可加以约定。无当事人约定时,仲裁庭可自主安排。在实践中,仲裁审理程序大致如下:

① 开庭。仲裁开庭时,当事人应当到庭。申请人、被申请人经书面通知,无正当理由不到庭或未经仲裁庭许可中途退庭的,对申请人,可以视为撤回申请,对被申请人,可以缺席裁决。开庭时,当事人应当对自己提出的主张提供证据,也有权进行辩论,当事人申请仲裁后也可以自行和解。达成和解协议的,可以请求仲裁庭根据和解协议制作裁决书,申请人也可

以撤回仲裁申请。仲裁一般不公开进行，但是当事人协议公开的、可以公开进行的、涉及国家秘密的除外。

② 调解。仲裁庭开庭后，可以先行调解。当事人自愿调解的，仲裁庭应当调解。仲裁庭征得双方当事人同意后，也可对案件进行调解。调解成功，双方当事人应签订和解协议，除非当事人另有约定，仲裁庭应当根据和解协议做出裁决书。当事人在仲裁委员会之外通过调解解决达成和解协议的，申请人也可以撤回仲裁申请，也可以请求仲裁庭作出裁决书。对于调解不成的，仲裁庭应当及时做出裁决。

③ 裁决。裁决应当按多数仲裁员的意见做出，少数仲裁员的不同意见应当记入笔录。当仲裁庭无法形成多数意见时，裁决应当按照首席仲裁员的意见做出。裁决书自作出之日起发生法律效力。

当事人收到仲裁裁决书后，如果发现裁决书中有书写、打印、计算上的错误或其他类似性质的错误，可以在其收到裁决书之日起 30 天内书面通知仲裁庭更正，如确有错误，仲裁庭应在收到书面申请之日起 30 天内自行以书面形式更正。当事人可以在收到仲裁裁决书之日起 30 天内请求仲裁庭就裁决书中漏裁的事项做出补充裁决。该请求应以书面形式提出。仲裁庭也可以在发出仲裁裁决书之日起 30 天内自行做出补充裁决。对裁决的书面更正及补充裁决均构成原裁决的一部分。

议题五

珠海公司向香港公司购买一套马赛克生产线设备及技术，为此双方签订了一份货物购货合同，并订立了仲裁条款。由于设备能耗远未达到合同规定指标，珠海公司拒绝向香港公司支付尾款 48 万美元。香港公司便向约定的中国国际经济贸易仲裁委员会深圳分会提请仲裁。该仲裁机构受理后，在规定的时间内将开庭的时间、地点书面通知了双方当事人，并由三名仲裁员组成了仲裁庭公开审理此案。仲裁庭先进行调解，双方达成了调解协议。但是，香港公司在签收仲裁庭制作的调解书前反悔，于是仲裁庭做出了裁决。请分析，调解书和裁决书有何本质区别？

五、仲裁的裁决

1. 仲裁裁决的承认与执行

在国际商事仲裁中，裁决的执行往往要关系到双方当事人的利益，还要涉及到各国的法律及其国家利益，因此执行的过程较为复杂和困难。为了解决各国在承认和执行外国仲裁裁决问题上存在的分歧，使国际商事争议得到有效的解决，国际社会先后签署了《日内瓦仲裁条款议定书》、《关于执行外国仲裁裁决的日内瓦公约》、《承认与执行外国仲裁裁决的公约》（简称《纽约公约》）、《欧洲国际商事仲裁公约》（简称《日内瓦公约》）和《美洲国家间国际商事仲裁公约》（简称《巴拿马公约》），其中最有影响的是《纽约公约》，已经成为大多数国家执行外国仲裁裁决法律制度的蓝本。

（1）《承认与执行外国仲裁裁决的公约》

1958 年 6 月 10 日，在联合国主持下，国际商事仲裁会议通过了《承认与执行外国仲裁裁决的公约》并于 1959 年 6 月 7 日正式生效。它放宽了承认和执行外国仲裁裁决的条件,简化了有关程序,确立了承认与执行外国仲裁裁决方面的国际性统一规范。我国于 1986 年加入《纽约公约》。

（2）我国关于承认与执行仲裁裁决的法律

我国《民事诉讼法》和《仲裁法》,分别对中国涉外仲裁机构所作出裁决的执行程序和对外国仲裁机构作出的裁决在中国申请执行的程序作出了明确的规定。

根据我国《民事诉讼法》的规定,经中国涉外仲裁机构作出的裁决,当事人不得再向法院起诉。如一方当事人不履行仲裁裁决的,对方当事人可以向败诉人住所地或财产所在地的中级法院申请执行。如有下列情况之一的,法院可不予执行:

① 当事人在合同中没有订立仲裁条款或者事后没有达成书面的仲裁协议;

② 被申请人没有得到指定仲裁员或者进行仲裁程序的通知,或者由于其他不属于被申请人负责的原因未能陈述意见;

③ 仲裁庭的组成或者仲裁的程序与仲裁规则的规定不符;

④ 裁决的事项不属于仲裁协议的范围;

⑤ 法院认定执行该裁决将违背社会公共利益的。

如因上述情况,仲裁裁决被法院裁定不予执行时,当事人可以根据双方达成的书面仲裁协议重新申请仲裁,也可以向法院起诉。

根据我国《民事诉讼法》的规定,外国仲裁机构作出的裁决,需要中国法院承认和执行的,应当由当事人直接向被执行人住所地或财产所在地的中级法院申请,法院应当依照中国缔结或参加的国际条约,或按照互惠原则办理。

议题六

奥地利纺织厂通过其在德国的常驻代表将人造羊毛纤维售给德国织物制造商,德国织物制造商以货物质劣为由拒付全部货款。奥地利纺织厂依其售货确认书中所包含的仲裁条款向维也纳商品交易所仲裁庭申请仲裁,并获得了对己有利的裁决。德国织物制造商对此不服,即向当地法院提请诉讼,要求判决该仲裁裁决无效。请分析,法院能接受该诉讼请求吗？为什么？

2. 仲裁裁决的撤销

我国《仲裁法》规定,如果当事人能够提出证据证明裁决有下列情形之一,可以在收到裁决书之日起六个月内向仲裁委员会所在地的中级人民法院申请撤销裁决:

① 没有仲裁协议的;

② 裁决的事项不属于仲裁协议的范围或者仲裁委员会无权仲裁的;

③ 仲裁的组成或者仲裁的程序违反法定程序的;

④ 裁决所根据的证据是伪造的;

⑤ 对方当事人隐瞒了足以影响公正裁决的证据的;

⑥ 仲裁员在仲裁该案事有索贿受贿、徇私舞弊、枉法裁决等行为的。

法院对当事人提出的撤销裁决的申请,组成合议庭,审查核实裁决有仲裁法上述规定情形之一的,应当裁定撤销。法院认定裁决违背社会公共利益的,应当裁定撤销。法院应当在受理撤销裁决申请之日起两个月内做出撤销裁决或者驳回申请的裁定。法院在受理撤销裁决的申请后,认为可以由仲裁庭重新仲裁的,通知仲裁庭在一定期限内重新仲裁,并裁定中止撤销程序。仲裁庭拒绝重新仲裁的,法院应当裁定恢复撤销程序。

第二节　国际商事诉讼制度

国际商事诉讼是指在当事人双方不能通过和解或调解方式解决争议,而又缺少或达不成仲裁协议的情况下,由一方当事人向有管辖权的法院起诉,法院按照有关法律就国际商事争议进行依法裁决的诉讼活动。其中,诉讼的主体为法院和诉讼参与人,客体是国际商事行为。在国际商事活动中,诉讼作为解决争议的手段,仍然是一种主要方式。

案例导入

天津金牛贸易公司与日本大野商社签订了一份电动自行车销售合同,合同成交总金额为50万美元,6000辆自行车,采用30%预付款、70%到付方式。销售合同签订后,天津金牛贸易公司与瑞雪自行车公司订立加工合同,委托其生产电动自行车。瑞雪自行车公司按时交货,天津金牛贸易公司对其进行验收、装运。日本大野商社收到货后即刻检验,发现电动自行车的质量不合格,于是向当地法院提起诉讼。该法院根据日本《诉讼法》的有关规定予以受理,并在调查中发现该货是由瑞雪自行车公司提供,故追加其为第三人,判决天津金牛贸易公司和瑞雪自行车公司各赔偿日本大野商社经济损失20万美元。

根据《诉讼法》等相关法律的有关规定,请思考下列问题:

1. 国际商事诉讼管辖权的原则有哪些?
2. 国际司法协助有哪些主要内容?
3. 国际商事仲裁与国际商事诉讼的区别有哪些?

一、国际商事诉讼管辖权

国际商事案件的诉讼管辖权是指一国法院或具有审判权的其他司法机关受理、审判具有国际因素或涉外因素的商事案件的权限。

1. 国际商事诉讼管辖权的原则

在国际商事诉讼法领域中,根据各国立法和国际惯例,一国通常以有关案件同管辖国之间的联系因素作为确定管辖权的依据。根据联系因素的不同,国际上主要有四种确定国际商事管辖权的原则。

（1）属地管辖原则

属地管辖原则是指一国对该国领土范围内的一切人、物、法律行为都具有管辖权,但享有司法豁免权者除外。属地管辖原则实际上是根据当事人的住所、被告财产或诉讼标的所在地、合同成立地或履行地等发生地的案件,涉及到该国法律,该国就可以对该案件享有管辖权。

议题七

　　天津金牛贸易公司与日本大野商社签订了一份电动自行车销售合同,于是委托瑞雪自行车公司加工生产。瑞雪自行车公司按时交货,天津金牛贸易公司对其进行验收、装运。日本大野商社收到货后即刻检验,发现电动自行车的质量不合格,于是向法院提起诉讼。请分析,按照属地管辖原则,应由哪国主张对该案件的管辖权?为什么?

　　(2) 属人管辖原则
　　属人管辖原则是指以案件当事人的国籍与法院的关系因素来确定管辖权,只要诉讼当事人一方为某国国籍时,该国法院就可以主张对该案的管辖权。
　　目前,实行属地管辖原则的国家与实行属人管辖原则的国家在管辖权原则方面日益统一。大部分实行属地管辖原则的国家也开始以属人管辖原则为补充,而实行属人管辖原则的国家,在承认和实行"以原告就被告"原则的同时,对于诉讼标的在本国境内的案件,也开始行使管辖权。

议题八

　　天津金牛贸易公司与日本大野商社签订了一份电动自行车销售合同,于是委托瑞雪自行车公司加工生产。瑞雪自行车公司按时交货,天津金牛贸易公司对其进行验收、装运。日本大野商社收到货后即刻检验,发现电动自行车的质量不合格,于是向法院提起诉讼。请分析,按照属人管辖原则,应由哪国主张对该案件的管辖权?为什么?

　　(3) 协议管辖原则
　　协议管辖原则是指双方当事人依据"意思自治"原则,将他们之间的纠纷交由其所选择的法院审理。协议管辖原则是对属地管辖原则和属人管辖原则的变更和补充,已为各国普遍接受,但各国对协议管辖案件的范围都予以限定。其范围为:一定合同法律关系所发生的争议;当事人只能协议选择一审法院,对上诉案件不适用;协议必须采用书面形式。
　　(4) 专属管辖原则
　　专属管辖原则是指一国主张它的法院对某些国际民事案件具有独占管辖权,任何个人、组织或其他国家都不能任意剥夺该国对这类案件所享有的管辖权。各国一般都把不动产、家庭、婚姻、继承等案件列入专属管辖的范围。
　　(5) 实际控制管辖权原则
　　实际控制管辖权原则是指法院行使管辖权时,对人是以被告接到传票或本人在本国为依据;对物是以争议的诉讼标的在本国领域内为依据,它主要是英美法系所确认的原则。比如英国就规定,不论当事人的国籍如何,只要这个人在英国,即使他只是一个途经英国的人,诉因同英国也无事实上的连结,英国法院也可对他行使管辖权。同样,一般作为诉讼标的的

国际商务法律法规

外国船舶即使只是暂时停泊或经过英国水域,英国法院也可对其行使管辖权。这种管辖权尽管不被一些国家所认同,认为是"过分管辖权",但从对物的实际控制的有效性来考量是值得借鉴的。

2. 有关管辖权的国际公约

由于各国实行不同的管辖制度,难免会引起管辖权的冲突,案件经常得不到及时的处理和解决,给商业利益带来不必要的损失。所以各国都迫切希望能建立统一的国际民商事管辖权制度,对国际民商事纠纷案件的管辖权作出比较全面的规定,促进国际经济贸易关系的发展。国际上确立统一的民商事管辖权制度的努力,是从各个具体国际经济贸易、科学技术和海事关系领域开始的,有较大影响的是 1968 年 9 月 27 日由欧洲共同体订立的《关于民商事件管辖权及判决执行的公约》。该《公约》关于国际商事纠纷案件管辖权制度中规定的基本内容、基本特点,受到国际社会的普遍重视,也为许多国家所采用。其主要内容如下:

(1) 公约适用的范围

公约适用的范围是民商案件,有关自然人的身份、民事权利能力、夫妻财产制度、遗嘱或继承案件、破产、清偿协议、社会保障和仲裁纠纷的管辖。

(2) 管辖原则

公约以被告住所地为确认管辖权的依据,对某些特殊的国际经济与贸易案件还规定了特殊的管辖原则,为解决管辖冲突提供了有效的途径。

(3) 解决管辖权冲突的基本原则

公约规定任何国家不应侵犯专属特定国家的管辖权,被告住所地国的法院的管辖权应受到各缔约国的尊重。

二、国际司法协助

国际商事诉讼程序一般与国内民商事的程序大致相同,都是以原告向法院起诉,法院受理后,经过审判前的准备、开庭审理,最后判决并执行而结束。但一国法院在审理国际商事案件时,必然会遇到向境外当事人送达法律文件、调查在国外的证据和对外国法院判决的承认和执行等问题,要解决这些问题,大都依赖国与国的司法协助。

国际司法协助是指不同国家之间,根据国际条约和协定,或根据两国共同签订的司法协助协定,法院彼此之间相互协助,为双方代为一定诉讼的行为。具体地说,就是各国法院之间代为送达诉讼文书,询问证人和当事人,以及代为调查取证等诉讼行为的协助。其主要作为有:

1. 送达诉讼文书

送达诉讼文书是指一国法院依照有关国际条约及本国法律规定的程序和方式,将诉讼文书送交在本国领域内没有住所的当事人的诉讼行为。送达诉讼文书是一种重要的司法行为,是一国的司法机关代表国家行使国家主权的一种表现,为了实现有效送达,一国法院可以根据与其他国家间缔结或共同参加的有关双边或多边司法协助条约规定的途径代为送达诉讼文书。

如两国间没有缔结司法协助条约,法院可通过外交途径提出司法协助,请求代为送达,即由一国法院将诉讼文书送交本国外交机关,由其将诉讼文书送达驻外外交机构,并

国际商务法律法规

由该外交机构转交所在国的外交机关,再由该国外交机关转交该国法院或有关机构送达受送达人。

2. 调查取证

在国际商事诉讼的司法协助过程中,不同国家的法院是通过互相委托、代为调查取证来获得案件的证据,比如:收集书证、物证、代为询问证人以及代为鉴定及勘验等。作为行使国家司法主权的一种表现,进行证据调查具有严格的属地性。一国的法院如果没有有关外国政府的同意,就不能在外国境内调查取证。

三、外国法院判决的承认与执行

通常一国法院的判决只能在判决国领域内生效,如未得到有关国家的承认,任何外国法院的判决在该国领域内都没有法律效力。而一国法院承认与执行外国法院的判决在司法上是指一国法院依一定的法律程序承认外国法院已生效的判决,使它在本国境内发生效力并加以强制执行的行为。

承认与执行外国法院的判决一般须具备六个条件:①该外国法院判决是已发生法律效力的判决;②按承认和执行国法律,判决国法院对该案有管辖权;③判决是依判决国的程序法规定做出的;④对该判决的承认和执行不违反本国的公共秩序和善良风俗;⑤判决中没有法律规避问题;⑥承认执行国与判决国间有一定的互惠保证。

四、国际商事仲裁与国际商事诉讼的区别

国际商事仲裁与国际商事诉讼的区别主要有以下几个方面:

1. 争议案件受理的机构不同

国际商事争议案件如采用仲裁,其受理机构通常是约定的国际性仲裁机构、地区性仲裁机构和国别性仲裁机构;国际商事争议案件如采用诉讼,其受理机构一般为未定的双方当事人中的一国法院或者第三国法院。

2. 争议案件受理的依据不同

国际商事仲裁机构受理国际商事争议案件的依据是仲裁条款或仲裁协议,否则,不予以受理,当事人只能采取其他解决争议的方式;各国法院受理国际商事争议案件的依据是起诉书和有关证据材料,如不符合有关规定,法院不予受理。

3. 争议案件审理的方式不同

国际商事争议案件如采用仲裁,仲裁机构通常采用不公开审理,其形式有利于保护当事人的商业秘密,其所用时间也较少;国际商事争议案件如采用诉讼,法院通常要开庭审理,进行法庭调查,由双方当事人陈述案情并出示证据,在法庭主持下进行法庭辩论,双方当事人或代理人就争议的事项发表自己的意见和观点。这样,商业秘密的保护性较弱,且周期较长。

4. 争议案件裁决的效力不同

国际商事仲裁的裁决是终局性的,当事人不得再向法院起诉。如一方当事人不履行仲裁裁决的,对方当事人可以向败诉人住所地或财产所在地的中级法院申请执行。国际商事的诉讼通常有多审,第一审受理后对判决不服的,可以上诉进行第二审。第二审法院对上诉案件可发回原审法院重审,或改判。第二审法院的判决是终审的判决。